中等职业教育国家规划教材配套教材

# 汽车发动机维修实训

(第2版)

任 东 主编

人民交通出版社股份有限公司
China Communications Press Co.,Ltd.

## 内 容 提 要

本书是中等职业教育国家规划教材《汽车发动机构造与维修》配套使用的实训课程教材,依据《中等职业学校专业教学标准(试行)》以及国家和交通行业相关职业标准编写而成。主要内容包括:汽车维护与修理常用工量具与机具的使用、发动机维护作业内容与规范、发动机的拆卸与解体、发动机机体组的检修、活塞连杆组的检修、曲轴的检修、气门组的检修、气门传动组的检修、燃油供给系的检测、柴油机燃油供给系的检测、冷却系的检测、润滑系的检修、发动机总成的装配与调试、发动机常见故障诊断与排除等14个项目共40个实训任务。

本书供中等职业学校汽车维修相关专业使用,亦可供其他汽车类专业人员学习参考。

图书在版编目(CIP)数据

汽车发动机维修实训/任东主编. —2版. —北京:
人民交通出版社股份有限公司,2018.8
ISBN 978-7-114-14701-2

Ⅰ.①汽… Ⅱ.①任… Ⅲ.①汽车—发动机—车辆修理—中等专业学校—教材 Ⅳ.①U472.43

中国版本图书馆 CIP 数据核字(2018)第 097689 号

| 书　　名: | 汽车发动机维修实训(第2版) |
|---|---|
| 著 作 者: | 任　东 |
| 责任编辑: | 李　良 |
| 责任校对: | 孙国靖 |
| 责任印制: | 张　凯 |
| 出版发行: | 人民交通出版社股份有限公司 |
| 地　　址: | (100011)北京市朝阳区安定门外外馆斜街3号 |
| 网　　址: | http://www.ccpress.com.cn |
| 销售电话: | (010)59757973 |
| 总 经 销: | 人民交通出版社股份有限公司发行部 |
| 经　　销: | 各地新华书店 |
| 印　　刷: | 大厂回族自治县正兴印务(有限)公司 |
| 开　　本: | 787×1092　1/16 |
| 印　　张: | 9.75 |
| 字　　数: | 226 千 |
| 版　　次: | 2003年1月　第1版<br>2018年8月　第2版 |
| 印　　次: | 2018年8月　第2版　第1次印刷　累计第16次印刷 |
| 书　　号: | ISBN 978-7-114-14701-2 |
| 定　　价: | 25.00 元 |

(有印刷、装订质量问题的图书由本公司负责调换)

# 第2版前言

本套教材是中等职业教育国家规划教材的配套教材,第一版教材自2002年陆续出版以来,以其结合各地汽车维修行业的生产实际、体现以人为本的现代理念、注重对学生创新能力的培养、具有较强针对性等特点,受到了广大职业院校师生的欢迎。

为贯彻《教育部关于深化职业教育教学改革全面提高人才培养质量的若干意见》(教职成〔2015〕6号)提出的"对接最新职业标准、行业标准和岗位规范紧贴岗位实际工作过程调整课程结构,更新课程内容,深化多种模式的课程改革",响应国家对于汽车运用技术领域高素质专业实用人才培养的需要,更好地贴近汽车运用与维修专业实际教学目标,故人民交通出版社股份有限公司对本套教材进行了修订。本次修订以《中等职业学校专业教学标准(试行)》为依据,以职业教育人才培养模式和宗旨为导向,注重实践能力的培养,吸收教材使用院校师生的意见和建议,经过与编者的认真研究和讨论,确定了修订内容。

基于当前汽车维修企业维修技能的需要,《汽车发动机维修实训(第2版)》一书的编写立足教学实际,以典型的技能要点作为实训单元,针对技能点以任务驱动、理实一体展开实训教学。本教材通俗易懂,对实训内容进行理论说明讲解,内容包括了汽车维护与修理常见工量具与机具的使用、发动机维护作业内容与规范、发动机的拆卸与解体、发动机组的检修、活塞连杆组的检修、曲轴的检修、气门组的检修、燃料供给系统的检测、柴油机燃油供给系的检测、发动机总成的装配与调试、发动机常见故障的诊断与排除14个实训项目,共40个实训任务。实训过程每个关键步骤配以图片和文字,提供了汽车发动机维修分析诊断思路,引用了当前流行的教学方法、组织模式,便于教师进行实训教学组织,每个实训项目都配有学生实训作业单和评价表,可供汽车实训类课程教学参考。

本教材由山东交通技师学院任东担任主编。由于编者经历和水平有限,书中难免有不足之处,敬请广大读者及时提出修改意见和建议,以便修改和完善。

编　者
2017年12月

# 目　　录

项目一　汽车维护与修理常用工量具与机具的使用 ………………………………………… 1
　　实训1　常用工量具的使用 ……………………………………………………………… 10
　　实训2　常用机具的使用 ………………………………………………………………… 14
项目二　发动机维护作业内容与规范 ………………………………………………………… 18
　　实训3　一级维护作业 …………………………………………………………………… 19
　　实训4　二级维护作业 …………………………………………………………………… 24
项目三　发动机的拆卸与解体 ………………………………………………………………… 30
　　实训5　发动机总成及附件的拆卸 ……………………………………………………… 31
项目四　发动机机体组的检修 ………………………………………………………………… 35
　　实训6　汽缸压力的检测 ………………………………………………………………… 36
　　实训7　汽缸体、汽缸盖裂纹的检修 …………………………………………………… 37
　　实训8　汽缸盖变形的检修 ……………………………………………………………… 38
　　实训9　汽缸磨损的检修 ………………………………………………………………… 40
项目五　活塞连杆组的检修 …………………………………………………………………… 42
　　实训10　活塞的检修与选配 …………………………………………………………… 43
　　实训11　活塞环的检验与更换 ………………………………………………………… 44
　　实训12　连杆的检修 …………………………………………………………………… 46
　　实训13　活塞销与活塞销座孔及连杆衬套的选配 …………………………………… 49
项目六　曲轴的检修 …………………………………………………………………………… 54
　　实训14　曲轴的检修 …………………………………………………………………… 55
　　实训15　曲轴轴承的选配 ……………………………………………………………… 59
项目七　气门组的检修 ………………………………………………………………………… 62
　　实训16　气门与气门座圈的检修 ……………………………………………………… 63
　　实训17　气门导管的检修 ……………………………………………………………… 67
项目八　气门传动组的检修 …………………………………………………………………… 71
　　实训18　凸轮轴检修 …………………………………………………………………… 72
　　实训19　正时齿轮与正时带的检修 …………………………………………………… 74
　　实训20　气门间隙的检查与调整 ……………………………………………………… 76
项目九　燃油供给系的检测 …………………………………………………………………… 81
　　实训21　喷油器的检修 ………………………………………………………………… 83
　　实训22　燃油泵的检修 ………………………………………………………………… 84

1

  实训 23 检验燃油压力调节器和保持压力 ……………………………………… 86
  实训 24 认识氧传感器 ……………………………………………………………… 87
项目十 柴油机燃油供给系的检测 …………………………………………………………… 90
  实训 25 检修喷油泵 ………………………………………………………………… 92
  实训 26 检修喷油器 ………………………………………………………………… 97
  实训 27 检查与调整喷油正时 …………………………………………………… 101
  实训 28 检修共轨系统 …………………………………………………………… 101
项目十一 冷却系的检测 ……………………………………………………………………… 111
  实训 29 冷却液的检查与更换 …………………………………………………… 113
  实训 30 水泵与节温器的检修 …………………………………………………… 113
  实训 31 散热器的检修 …………………………………………………………… 115
项目十二 润滑系的检修 ……………………………………………………………………… 116
  实训 32 润滑油的检查与更换 …………………………………………………… 117
  实训 33 机油滤清器的更换 ……………………………………………………… 118
  实训 34 机油泵的检修 …………………………………………………………… 119
  实训 35 机油压力的检查与调整 ………………………………………………… 121
项目十三 发动机总成的装配与调试 ……………………………………………………… 123
  实训 36 发动机的装配 …………………………………………………………… 124
  实训 37 发动机总成的安装与调试 ……………………………………………… 133
项目十四 发动机常见故障诊断与排除 …………………………………………………… 140
  实训 38 发动机异响故障的诊断与排除 ………………………………………… 144
  实训 39 汽油发动机常见故障的诊断与排除 …………………………………… 147
  实训 40 柴油发动机常见故障的诊断与排除 …………………………………… 148
参考文献 ……………………………………………………………………………………………… 150

# 项目一　汽车维护与修理常用工量具与机具的使用

## 一　实训目标

(1) 了解汽车维修常用工量具与机具的种类及功用。
(2) 掌握常用工量具与机具的正确选择使用方法及注意事项。
(3) 熟悉常用工量具与机具的量取数据的读取方法。
(4) 了解常用工量具与机具的维护方法。

## 二　实训内容

### 1. 相关知识

汽车维修需要的工量具与机具分为通用和专用两种。

1) 汽车维修常用工具介绍

(1) 扳手。主要用来拆装螺纹连接(螺栓、螺母)的。由于螺纹连接的结构、所处位置及受力大小等不同，故扳手种类很多。常用的有呆扳手、梅花扳手、套筒扳手、活扳手等，如图 1-1 所示。

呆扳手(图 1-2)也称为开口扳手，按形状分为单头和双头两种。其作用为紧固、拆卸紧固力矩不是很大的标准规格螺母和螺栓，其规格用开口宽度(mm)表示，同一扳手两端开口尺寸不等。汽车维修常用 8 件一套的呆扳手，开口尺寸为 7~24mm。

图 1-1　扳手

图 1-2　呆扳手

梅花扳手(图 1-3)用于拆装紧固力矩较大的螺纹连接件，杆身一般直的，两端为正 12 角形圆环，以正 12 边形两平行边距离(mm)表示规格。汽车维修常用 8 件一套的梅花扳手，其规格尺寸为 5.5~27mm。

活扳手(图 1-4)开口宽度可在一定范围内调节，多用于不规则螺纹连接件的拆装，或应急使用，其规格用柄长和开口最大宽度(mm)表示，汽车维修常用 200×24(8 英寸)、375×46(15 英寸)和 150×19(6 英寸)三种。

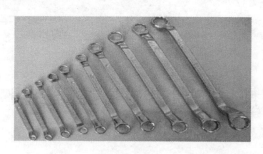
图1-3　梅花扳手

图1-4　活扳手

管扳手(图1-5)一般用来拆装无方棱的螺纹连接件。开口处有经过热处理的棱牙,工作时棱牙将工件表面咬毛而产生自锁作用,也称之为管子钳。

套筒扳手(图1-6)是一种组合工具,由套筒和扳具组成。使用时由几件组成一把扳手。其套筒部分与梅花扳手相似,可根据需要选用不同规格的套筒和各种手柄组合。常用于拆装空间狭小、连接件凹陷或不易接近等部位的螺栓、螺母。常用的有13件套、17件套及24件套等多种规格。

图1-5　管扳手

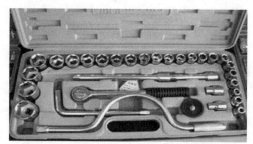
图1-6　套筒扳手

扭力扳手(图1-7)是一种可读出所施力矩大小的专用工具,由扭力杆和套筒头组成,通常分为指针式和预调式两种。指针式规格是以最大可测力矩来划分,常用的有294N·m和490N·m两种。使用时可通过指针指示的数据测出施加在工件上扭紧力矩的大小。预调式可预设扳手的最大力矩,使用前先将预想的最大扭紧力矩值预置到扳手上,当实际力矩达到预设力矩值时,扳手会发出"咔嗒"的报警声,即停止扳动。扭力扳手除了测量扭紧力矩外,还可以用来测量旋转件的起动转矩,以检查配合、装配情况。

气动扳手(图1-8)是以压缩空气为动力,电动扳手是以电能为动力。两种扳手中都有冲击和换向机构,可产生瞬间强力冲击,提高扭紧力矩。其配用的套筒为特殊铬钢制作,且在工艺上加大了壁厚,以抵抗冲击。

图1-7　扭力扳手

图1-8　气动扳手

除上述几种常用扳手外,还有两用扳手(图1-9a)、棘轮扳手、内六方扳手(图1-9b)、T形套筒扳手等。

(2)螺钉旋具(图1-10)。俗称起子或改锥,用以拆装端头带有凹槽的螺钉和小型螺栓。其锋口平直者称为一字(平口)螺钉旋具(图1-11a),锋口十字交叉者称为十字螺钉旋具(图1-11b)。

a)两用扳手　　　　b)内六方扳手

图1-9　其他扳手

图1-10　螺钉旋具

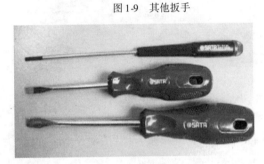
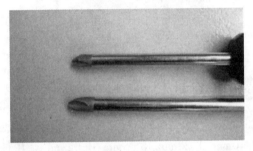

a)一字形　　　　　　　　　　b)十字形

图1-11　螺钉旋具锋口形状

(3)钳子(图1-12)。汽车维修常用的钳子种类很多,常以钳口形状或作用命名。常用的有鲤鱼钳、尖嘴钳、弯嘴钳、斜嘴钳、卡簧钳、钢丝钳、剥线钳等。

(4)锤子(图1-13)。由锤头和木柄组成。锤头用钢材锻造,用以敲击工件,也有用铜、硬木或橡胶制成的"软锤",用以敲击不宜用钢锤的工件。

图1-12　钳子

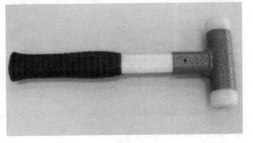

a)铁锤　　　　　　　　　　b)软锤

图1-13　锤子

(5)拉器。也称为拉马,分为两爪拉器(拆卸圆盘形零件)、三爪拉器(拆卸齿轮及轴承)、通用拉器等(图1-14)。

2)汽车维修常用量具介绍

(1)厚薄规俗称塞尺。是一种由多片不同厚度的标准钢片所组成的测量工具,钢片上标有厚度值。主要用来测量接合面间的间隙值。使用时,可以单片进行测量,也可以多片组合在一起测量(图1-15)。

  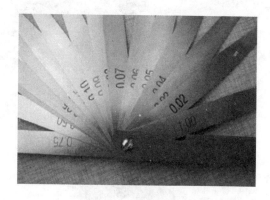

图1-14 拉器　　　　　　　　　　　　图1-15 薄厚规

(2)游标卡尺。是一种能直接测量工件的直径(内径和外径)、宽度、长度、深度的量具,如图1-16所示。按测量功能不同可分为普通游标卡尺和深度游标卡尺;按测量精度可分为0.10mm、0.20mm、0.05mm、0.02mm等几种。有的游标卡尺使用电子显示小数部分,如图1-17所示,其测量精度可达到0.005mm或0.001mm。

 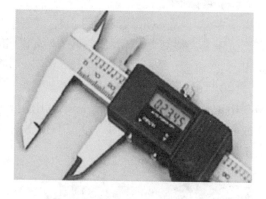

图1-16 游标卡尺　　　　　　　　　　图1-17 电子显示游标卡尺

(3)千分尺。又称分厘卡尺,是一种测量精度要求较高的精密量具,其精度可达到0.01mm。根据测量尺寸范围不同可分为 0~25mm、25~50mm、50~75mm、75~100mm 和 100~125mm 等多种不同规格,每种千分尺测量范围均为25mm。常用的有内径千分尺和外径千分尺,结构如图1-18所示。

(4)百分表。是一种比较性测量仪器,主要用于测量工件的尺寸误差、几何形状偏差及表面相互位置偏差等,如图1-19a)所示。其测量精度为0.01mm。

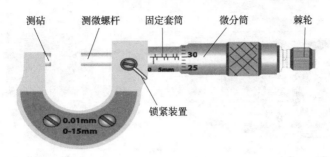

图1-18 千分尺

百分表的工作原理是将测杆的直线位移,经过齿轮齿条的传动转变为指针的角位移。其刻度盘圆周分成100等份,分度值为0.01mm。大指针转动1周,测杆位移1mm,如图1-19b)所示。刻度盘和表圈为一体,可任意转动,方便指针归零。小指针指示数为大指针回转圈数。常见百分表测量范围为0～3mm、0～5mm和0～10mm等。

a)百分表表头

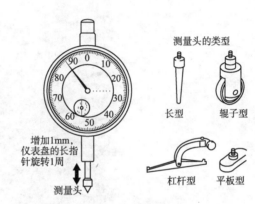

b)百分表测量头

图1-19 百分表

使用时百分表一般要固定在表架上,如图1-20所示。测量前应先调整表架,使测杆与零件表面保持垂直接触并有适当预缩量,转动表盘使指针对准零位。指针顺时针转动读数为正值,反之为负值。

内径百分表又称为量缸表,是由百分表、表杆、表杆座、活动测杆、支撑架及一套长度不等的接杆组成,主要用于内孔的测量,如发动机汽缸和轴承座孔的圆度误差、圆柱度误差或零件磨损情况,其测量精度为0.01mm,如图1-21所示。

图1-20 百分表组装

(5)万用表。有指针式和数字式两种。主要用于电流、电压、电阻及导线的通断性、电子元器件检测等,汽车维修使用的是数字式万用表。数字式万用表面板上有液晶显示屏、电源开关、量程开关及表笔插口(即输入插口)。量程开关配合各种指示盘,可完成不同测试功能和量程的选择;表笔插口标有"com""V.Ω""mA"和"10A",使用时黑笔插入"com"插孔,红笔根据被测件的各类测量指标和数值大小选择其他插孔,如图1-22所示。

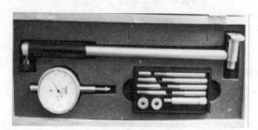
a)量缸表组件

b)组装后的量缸表

图1-21 量缸表

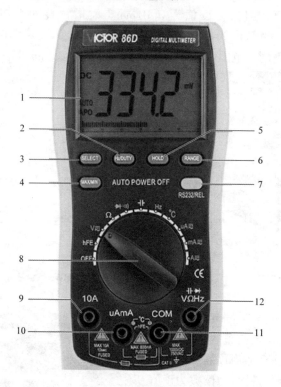

图1-22 万用表

1-61段模拟棒条LCD屏显示;2-Hz/DUTY:频率/占空比选择键,在频率档位按此键可以在频率和占空比之切换;在交流电压或交流电流档位按此键可以在电压或电流/频率/占空比之间切换;3-SELECT开关,用于选择各种测量功能;4-MAX/MIN:最大值,最小值键;5-HOLD:读数保持键;6-RANGE:自动/手动量程切换,频率及电容挡没有手动量程;7-REL,相对值测量,RS232键;8-功能/量程选择旋钮;9-10A电流输入插孔;10-μA/mA/℃输入孔:测量交直流微安、毫安和温度挡的正输入端;11-公共地孔:负输入端,插入黑表笔;12-VΩHz输入孔:测量电压、频率/占空比、电阻、电容,二极管以及通断测试的正输入端,插入红表笔

**2.汽车维修常用机具介绍**

1)拆装专用机具

拆装专用机具是一种用途较为单一的特殊机具的通称,通常以其用途或结构特点来命名。

(1)活塞环拆装钳。是专门用于拆装活塞环的工具(图1-23)。

(2)气门弹簧拆装架。专门用于拆装顶置气门弹簧的工具(图1-24)。

图1-23 活塞环拆装钳

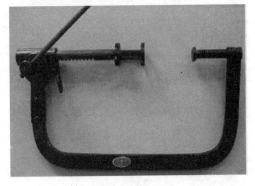
图1-24 气门弹簧拆装架

（3）千斤顶。是一种最常用的简单起重工具。常见的有机械丝杆式和液压式(图1-25)。

（4）车型专用工具。许多车型配用的维修组套工具中，既有通用工具，又有专用工具，用以拆装该车型特殊部位的零部件。

（5）其他专用机具。

图1-26所示为火花塞套筒，用于拆装火花塞。

a)机械式　　b)液压式

图1-25 千斤顶　　图1-26 火花塞套筒扳手

图1-27所示用于拆装轮胎螺母的轮胎螺母扳手。

图1-27 轮胎螺母扳手

图1-28所示为活塞环压缩器。在将活塞及活塞环装入汽缸前，利用活塞环压缩器将活塞环包紧在活塞环槽内，使活塞环外径小于汽缸直径，才能顺利装入。

图1-29所示为专用工具组中的拆装制动蹄的冲头。图1-30所示为拆装后减振器的专用工具。

图1-28　活塞环压缩器　　　　　　　　　图1-29　制动蹄拆装冲头

2)测量专用机具

(1)汽缸压力表。是专门用于检查汽缸内压缩压力的量具。按测量压力范围分为0~1.4MPa(汽油机)和0~4.9MPa(柴油机)两种,按连接形式不同可分为推入式和螺纹接口式两种,如图1-31所示。

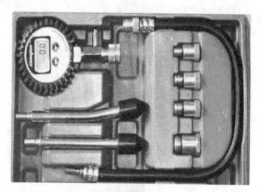

图1-30　后减振器拆装专用工具　　　　　　图1-31　汽缸压力表

(2)轮胎气压表。专门用于测定轮胎气压,常用的有标杆式和指针式两种,如图1-32所示。

(3)进气歧管真空表。用于测量发动机进气歧管内真空度。其测量真空度范围为0~100kPa,如图1-33所示。

图1-32　轮胎气压表　　　　　　　　　图1-33　进气歧管真空表

3)加注机具

(1)抽油机。用于抽出各总成内旧的润滑油,方便更换新润滑油,如图1-34所示。

(2)润滑脂枪(俗称黄油枪)。用于向润滑部位的润滑脂嘴里加注润滑脂,如图1-35所示。

（3）润滑脂加注机。用于加注润滑脂，与润滑脂枪相比其加注效果好，效率高，如图1-36所示。

图1-34　抽油机　　　　图1-35　润滑脂枪　　　图1-36　润滑脂加注机

**3. 实训任务与课时分配**

本项目分为两个实训任务：常用工量具的使用和常用机具的使用。各用2个课时完成。

## 三 实训器材

（1）工具：套筒扳手、梅花扳手、呆扳手、各种钳子、螺钉旋具、锤子等；

（2）量具：直尺、游标卡尺、千分尺、百分表、万用表；

（3）机具：活塞环拆装钳、气门弹簧拆装架、润滑脂枪、专用套筒、专用扳手、汽缸压力表、轮胎气压表、真空表等。

## 四 实训要求与注意事项

（1）学生要认真观摩老师的示范操作，掌握操作要领，并按分组次序积极进行练习；

（2）操作练习完成后的工量具及机具要及时收起；

（3）不准拿起工具进行打闹。

## 五 教学组织

**1. 教学组织形式**

本项目为实训示范课，采用分组教学。按4~5个工位分组，每组5~10人。由实训老师或2~3名学生操作，其他学生观察学习。

**2. 实训教师职责**

通过课件展示、教学视频播放和示范操作等手段，讲解实训任务的操作步骤和相关注意事项；组织学生进行分组实训；巡视、检查、指导学生实训过程，纠正错误；课堂总结；组织学生做好5S管理。

**3. 学生职责**

认真观看PPT课件和教学视频；完成老师布置的任务；做好课后的清洁、整理等5S管理工作。

## 六 任务实施

## 实训 1　常用工量具的使用

### (一)常用工具的使用

常用工具的使用见表 1-1。

常用工具的使用　　　　　　　　　　　　　　　　　　　表 1-1

| 序　号 | 工　具　名　称 | 使　用　方　法 | 注　意　事　项 |
| --- | --- | --- | --- |
| 1 | 通用扳手<br>（开口扳手、梅花扳手、套筒扳手） | 1. 选择开口（或套筒），将尺寸合适的扳手插套在螺母或螺栓头上；<br>2. 使用呆扳手时，应使扳手宽面受拉力，窄面受压力；<br>3. 作业时，要均匀用力向操作者身体方向拉扳，尽量不要向外推扳 | 1. 使用前将扳手擦拭干净，防止粘有油污引起滑脱；<br>2. 不可选用开口尺寸稍大的扳手；<br>3. 不可过猛用力推、拉、扳转，以免滑脱碰伤或损坏机件；<br>4. 不可当锤子或冲杆使用扳手 |
| 2 | 扭力扳手 | 1. 选用合适的套筒与之配合；<br>2. 使用时，左手握住套筒端，右胳膊伸直，右手握紧把手，向身体方向缓慢拉动，同时观察指针指示力矩 | 1. 拧紧力矩应小于扳手最大力矩限值，切忌过载而造成扳手失准或损坏；<br>2. 用完后应平稳放置，避免碰撞、挤压而使指针变形；<br>3. 使用扭力扳手前，最好先用其他工具将螺栓或螺母拧紧至接近规定力矩 |
| 3 | 活扳手和管扳手 | 1. 调整扳手活动钳口的开口尺寸与拧紧工件尺寸吻合；<br>2. 使用时，活扳手应使固定钳口受拉力，活动钳口受推力；管扳手反之 | 1. 螺栓、螺母棱角损坏变形的，不可再使用活扳手；<br>2. 管扳手不可拧动有棱角的螺栓、螺母及有精度要求的圆柱工件 |
| 4 | 螺钉旋具 | 1. 使用时，用右手握住旋具，手心抵住柄端，螺钉旋具应与螺钉同轴；<br>2. 螺钉松动后，用手心轻压螺钉旋具，用拇指、中指、食指快速旋转；<br>3. 使用长杆螺钉旋具时，可用左手协助压紧、拧动 | 1. 刀口应与螺钉槽口大小、宽窄相适应，刀口不得残缺；<br>2. 不能用锤子敲击旋具柄而当錾子使用；<br>3. 不得当撬棒使用；<br>4. 不准用扳手或钳子夹住螺钉旋具以增加扭力 |
| 5 | 钳子 | 用手握住钳柄后端，使钳口开闭夹紧 | 1. 使用时，应选用合适类型、规格的钳子，并擦拭干净；<br>2. 严禁用钳子代替扳手拧动螺栓、螺母，或代替锤子敲击工件；<br>3. 不能用以切割过硬的金属丝；<br>4. 不许用钳柄撬物体 |

续上表

| 序 号 | 工 具 名 称 | 使 用 方 法 | 注 意 事 项 |
|---|---|---|---|
| 6 | 锤子 | 1. 使用时,手要握住锤柄后端,并保持握持力松紧适度,以保证锤击时灵活自如;<br>2. 锤击时,要靠手腕的运动。锤头工作面和敲击面要平行;<br>3. 软锤一般用于过盈配合件的拆装 | 1. 使用前必须检查锤柄安装是否牢固,并将手和锤柄、锤头上的汗水、油污擦拭干净;<br>2. 锤击时,锤头前方近处不能站人;<br>3. 锤击脆性、薄壁或悬空未垫实的工件时,不可用力过猛 |
| 7 | 拉器 | 主要用于拆卸齿轮、带轮、凸缘等盘形零部件及轴承等。使用时,拉爪抓住被拆工件,中间螺杆通过垫套顶在轴端,缓慢旋转螺杆即可 | 使用时,当拉器安装好后,要检查各拉爪受力是否均匀,垫套是否与轴对中;拧动螺杆接触工件后再复查一次 |

## (二)常用量具的使用

### 1. 薄厚规

(1)使用方法:根据被测间隙大小,选用一片或数片重叠在一起塞入间隙内。薄厚规是一种界限量规,只能测得某一间隙的大约值,测量时,薄厚规插入被测间隙中,来回拉动,感到有阻力,则该间隙值大约为插入薄厚规的厚度。如果拉动阻力过大或过小,则更换不同厚度的薄厚规片重新测量。

(2)注意事项:

①根据测量间隙大小选用薄厚规片数,但片数越少越好。

②测量时不能用力太大,避免薄厚规弯曲或折断。

③不能测量温度较高的工件。

### 2. 游标卡尺

1)使用方法

(1)测量外径时,将活动量爪向外移动,使两量爪间距大于工件外径,然后缓慢移动游标,使量爪与工件表面接触。切忌硬卡硬拉,以免影响读数精度或损坏卡尺;测量内径与外径相似。

(2)测量时,游标卡尺应与工件垂直,读取数据前应先固定锁紧螺钉。外径记录最小尺寸,内径记录最大尺寸。

(3)读数方法。

①先读整数:看游标零线的左边,主尺上与游标零线最近的一条刻线的数值即为被测尺寸的整数部分。

②再读小数:看游标零线的右边,游标第几条刻线与主尺刻线对齐,则该刻线在游标上的数值即为被测尺寸的小数部分。

③得出被测尺寸:整数部分加上小数部分即可。

例:读出图1-37所示游标卡尺的读数。

2)注意事项

(1)游标卡尺使用前,应先将卡口合拢,检查游标尺的零线与主刻度尺的零线是否对齐。若不对齐,说明卡口有零误差,应调零。

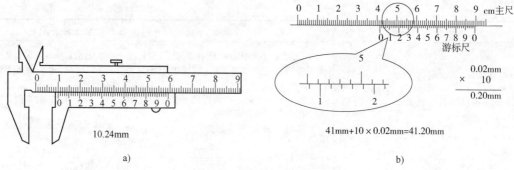

图 1-37 游标卡尺的读数方法

(2) 推动游标不要用力过猛,卡住被测工件时松紧适度,不能卡紧后再移动工件,以防卡口受损。

(3) 卡尺用完后,两卡口要留有间隙,不可将游标固定螺钉锁定;将游标卡尺涂油后放入包装盒内。

**3. 千分尺**

1) 使用方法

(1) 将工件被测表面擦拭干净,置于千分尺两测砧之间,使千分尺螺杆轴线与工件中心线垂直或平行。

(2) 旋转旋钮,使测砧与被测表面接近,再改用旋转棘轮盘,直到棘轮发出"咔咔"声响为止,这时指示的数据即为测量工件的尺寸。

(3) 测量完毕,必须倒转微分筒后才能取下千分尺。

(4) 读数方法。

① 先读出固定套管上露出的最后刻线整毫米数和半毫米(0.5mm)数(注意看清露出的是上方刻线还是下方刻线)。

② 看准微分筒上哪一格与固定套管纵向横线对准,将刻线序号乘以0.01mm即为小数部分的数值;若没有刻线对准,则取最接近的,其余部分可估测,作为小数点后第三位值。

③ 上述两部分读数相加即为被测工件尺寸,如图 1-38 所示。

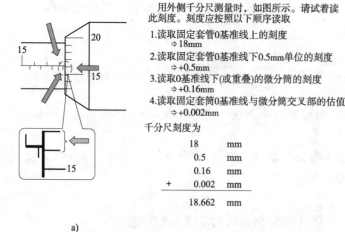

图 1-38 千分尺的读数方法

2) 注意事项

(1) 校对零点：将砧座与螺杆接触，看圆周刻度零线是否与纵向中线对齐、微分筒左侧棱边与尺身的零线是否重合。如有误差，应调整。

(2) 合理操作。手握尺架，转动微分筒至测砧快要接触工件表面时应停止转动，改用棘轮。

(3) 防止回程误差。测量过程中转动旋钮时，应尽量向同一方向旋转；若需重新调整测砧位置，应多退回一些，再向同一方向旋转，以防因螺旋传动产生测量误差。

### 4. 百分表

1) 使用方法

(1) 先将百分表固定在表架上，测杆端测头抵住被测工件表面，并使量头产生一定的位移（即指针存要预偏转值），转动表盘使指针归零。

(2) 移动被测工件，观察百分表指针的偏转量，该偏转量即为被测工件的偏差尺寸。

2) 注意事项

(1) 使用前，应先检查测量杆活动是否灵活。

(2) 测杆轴线应与被测工件表面垂直。

(3) 百分表用完后，应解除所有负荷，擦净表面后涂抹一层凡士林油，水平放置在包装盒内。

### 5. 内径百分表

1) 使用方法

(1) 测量时，先根据汽缸（或轴承孔）的直径选择长度合适的接杆，并将接杆固定在接杆座上。

(2) 校正百分表。利用千分尺将量缸表测量杆长度调整至压缩 2mm 左右后，达到被测汽缸（轴承孔）的标准尺寸，旋转表盘使指针对准零位，即可进行测量，如图 1-39 所示。

2) 读数方法

① 百分表指针偏离"0"位的刻度数即为测量数值。

② 确定工件尺寸：若指针指在"0"位，则被测工件与校表标准尺寸相等；若指针顺时针方向偏离"0"位，表示工件尺寸小于标准尺寸，反之则大于标准尺寸；通过对不同测量点的测量，可得到圆度、圆柱度误差大小或工件的磨损情况。

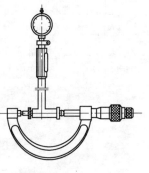

图 1-39　校正百分表

3) 注意事项

测量过程中，要前后摆表杆以确定读数最小时直径位置，以保证表杆与汽缸轴线平行；还应在一定角度内转动表杆，以确定读数最大时的直径位置。

### (三) 量具的维护

(1) 使用前应擦拭干净，使用后要擦干净、涂油，并放入量具合内。

(2) 使用过程中，应放置在规定位置，不与其他工具堆放在一起，以免碰伤量具。

(3) 量具是测量工具，不能作为其他工具的替代品使用。

(4) 不能用精密量具去测量毛坯、正在运动的工件或温度过高的工件,测量时,用力要适当。

(5) 量具如有问题,不能私自拆卸修理。

## 实训2　常用机具的使用

**1. 活塞环拆装钳**

1) 使用方法

使用时,用拆装钳上的环卡卡住活塞环开口,握住把手轻轻用力,使拆装钳把手慢慢收缩,环卡将活塞环徐徐张开,使活塞环能从环槽内取出或装入。

2) 注意事项

使用时用力必须均匀,避免用力过猛而导致活塞环折断或崩出,避免伤手事故。

**2. 气门弹簧拆装架**

1) 使用方法

使用时,将拆装架托架抵住气门,压环对正气门弹簧座,压下手柄,使气门弹簧被压缩。这时取下气门弹簧锁销或锁片,即可取出气门弹簧座、气门弹簧和气门。

2) 注意事项

使用时,拆装架与工件抵靠要牢靠;压缩气门弹簧时用力不能太猛,防止滑脱受伤;拆掉气门弹簧座锁止片后,要缓慢放松拆装架手柄,防止气门或弹簧飞出伤人。

**3. 机油滤清器扳手**

机油滤清器扳手直径都在8cm以上,其类型很多,但作用相同,使用方法也基本相似。常见的有以下几种。

(1) 杯式滤清器扳手(图1-40)。这种扳手如同大型套筒,拆装不同车型滤清器需选用不同尺寸的扳手,因此多为组套形式配装。

a) 扳手组件

b) 使用方法

图1-40　杯式滤清器扳手

使用时,将扳手套在机油滤清器顶部的多棱面上,拧动即可。

(2) 钳式滤清器扳手。这种扳手是钳子的改型,使用方法同鲤鱼钳,如图1-41所示。

(3) 环形滤清器扳手。结构为一个可调大小的环形,内侧设计为锯齿形。使用时,将其套在滤清器顶部的棱面上,扳动手柄,扳手的环形可根据滤清器大小合适地卡在棱面上,如图1-42所示。

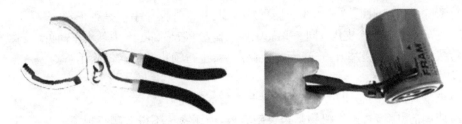

图1-41　钳式滤清器扳手

**4. 润滑脂枪**

1）使用方法

首先，装填润滑脂，拉出拉杆使活塞后移，拧下压力缸筒前盖；将润滑脂分成团状，装入缸筒内，使润滑脂团之间尽量贴紧，以便于空气排出；装回前盖，推回活塞，使润滑脂处于压缩状态；然后将润滑脂枪头对准加注部位的润滑脂嘴，一手握住润滑脂枪缸筒，一手压动手柄即可加注。

图1-42　环形滤清器扳手

2）注意事项

（1）润滑脂枪头要正对润滑脂嘴，直进直出，不能偏斜，防止润滑脂泄漏。

（2）加注时，如不进润滑脂，应立即停止加注，查明原因，排除后再进行加注。

**5. 千斤顶**

1）使用方法

以液压千斤顶为例介绍其使用方法。

（1）顶起汽车前，应把千斤顶顶面擦拭干净，拧紧液压开关，把千斤顶置于被顶部位下方，并使千斤顶顶面与被顶起部位垂直。

（2）旋转千斤顶顶面，改变顶面与被顶起部位间距离，使顶起高度符合操作要求。

（3）用三角垫木将汽车着地轮前后塞住，以防顶起过程中发生车辆溜滑事故。

（4）上下压动千斤顶手柄，将汽车顶起到一定高度，在车下放入车凳（禁止用砖头等易碎物支垫汽车）。

（5）徐徐拧松液压开关，使汽车缓慢平稳地下降，支撑在车凳上。

2）注意事项

（1）汽车在顶起或下降过程中，禁止有人在汽车下面作业。

（2）放下汽车时，应徐徐拧松液压开关，使汽车缓慢下降，速度不能过快，以免降落时冲击力太大而造成事故。

（3）在松软地面上顶起汽车时，应在千斤顶底座下垫一块面积较大的木板等材料，防止千斤顶下沉。

（4）千斤顶必须垂直放置，以免因油液渗漏而失效。

**6. 汽车举升机**

1）使用方法

（1）举升前，先通过维修手册，查找汽车的正确支撑点。

(2)清除举升机附近妨碍作业的器具及杂物,并检查操作手柄是否正常。
(3)支车时,应使四个支角在同一平面内,并调整支角胶垫高度,使其接触车辆底盘支撑部位。
(4)按动开关,缓慢举升汽车,至需要高度后,进行锁止并插入保险销。
2)注意事项
(1)被举升汽车的总质量不能大于举升机的起升能力。
(2)使用前,应检查操作机构是否灵敏有效,液压系统不得有爬行现象。
(3)举升时,车上不能有人作业,并时时观察周围人员动向,防止发生事故。
(4)举升要稳,降落要慢。
(5)不得频繁起落举升机。

### 7. 汽缸压力表
使用方法:
(1)起动发动机,使机体温度达到正常工作温度。发动机熄火,拆下汽油机火花塞或柴油机喷油器;
(2)汽油机必须将节气门或阻风门完全打开,把汽缸压力表锥形橡胶圈压紧在火花塞座孔上;
(3)柴油机必须采用螺纹接口式汽缸压力表。将压力表螺纹接口旋入喷油器座孔内;
(4)用起动机带动曲轴旋转 3~5s,使发动机转速保持在 150~180r/min(汽油机)或 500r/min(柴油机),这时压力表所指示的压力值就是该汽缸压力;
(5)按下汽缸压力表上的放气阀,使压力表指针归零;
(6)实际测量时,每个汽缸应重复测量 2~3 次,取最大压力值。

### 8. 轮胎气压表
使用方法:
(1)将轮胎气压表测量端口与轮胎气门嘴对正压紧。
(2)气压表指针发生偏转,其指示值即为该轮胎充气压力。
(3)测量完毕,应仔细检查轮胎气门芯是否漏气。如有漏气,应予以排除。

### 9. 进气歧管真空度表
使用方法:
(1)将发动机运转到正常工作温度,并保持怠速运转。
(2)将真空表用胶管连接到进气歧管的真空连接管上。
(3)观察真空表指针的指示值,改变发动机转速并观察真空表指针的变化情况;根据真空度数值的变化,分析判断发动机在不同工况下的技术状况。

## 七 考核要点与评分标准

考核要点与评分标准见表 1-2。

表 1-2 汽车维护与修理常用工量具与机具的使用考核要点与评分标准

| 序号 | 考核要点 | 分值 | 评分标准 | 考核记录 | 得分 |
|---|---|---|---|---|---|
| 1 | 安全文明操作 | 5 | 遵守安全操作规程,正确使用工、量具,保持操作现场整洁、有序;安全用电,无人身、设备事故 | | |

续上表

| 序号 | 考核要点 | 分值 | 评分标准 | 考核记录 | 得分 |
|---|---|---|---|---|---|
| 2 | 正确说出各种工具及机具的用途 | 20 | 叙述不当1次扣2~5分 | | |
| 3 | 正确操作使用工具、量具和机具 | 40 | 操作不熟练1次扣2分;操作错误1次扣5分 | | |
| 4 | 正确叙述工量具和机具的使用注意事项 | 30 | 叙述不当1次扣2~5分 | | |
| 5 | 整理工量具,清理现场 | 5 | 违章每项扣1分 | | |
| 6 | 分数合计 | 100 | | | |

# 项目二  发动机维护作业内容与规范

## 一 实训目标

（1）熟悉汽车一级维护的主要作业项目、作业内容和技术要求。
（2）熟悉汽车二级维护的主要作业项目、作业内容和技术要求。
（3）熟悉汽车一级维护的技术规范。
（4）熟悉汽车二级维护竣工检验检测的部位、各部位的检验项目及其技术要求。

## 二 实训内容

**1. 预习相关知识**

1）汽车一级维护

汽车维护分为日常维护、一级维护和二级维护。

（1）汽车一级维护。除了日常维护作业外，以清洁、润滑、紧固为作业中心内容，并检查有关制动、操纵等安全部件，由维修企业负责执行的车辆维护作业。

（2）汽车一级维护的基本要求。在汽车日常维护过程中的以确保车辆正常运行状态为目的的作业，以清洁、润滑、紧固为主要内容，并检查制动、操纵等安全部件。

2）汽车二级维护

（1）汽车二级维护。除完成一级维护作业外，以检查、调整转向节、转向摇臂和悬架等经过一定时间使用容易磨损或变形的安全部件为主，并拆检轮胎，进行轮胎换位，检查调整发动机工况和排气污染控制装置等，由维修企业负责执行的车辆维护作业。

（2）汽车二级维护的基本要求。汽车二级维护是以消除隐患为目的的性能恢复性作业，尤其是恢复达标的排放性能，恢复安全性能。

**2. 实训任务与课时分配**

本实训项目分为两个实训任务：一级维护作业与二级维护作业。共用30个课时完成。

## 三 实训器材

一汽大众新速腾、工具车、常用汽车维修工具、机油滤清器拆装扳手、胎压表、轮胎花纹深度尺、直尺、维修手册等各四套。

## 四 实训要求与注意事项

（1）在满足厂家的生产规范及质量要求的前提下，对车辆进行相应的一级维护和二级维护作业。

(2) 严格按照安全操作规程进行项目作业。
(3) 自觉按照文明生产规则进行项目作业。
(4) 努力按照环保要求进行项目作业。
(5) 操作举升机举升车辆时,必须确认车辆安全。

### 五 教学组织

**1. 教学组织形式**

分组教学,按照4~5个工位分组教学,每组5~10人。

**2. 实训教师职责**

通过PPT课件展示、教学视频播放和示范操作等教学手段,讲解实训任务的操作步骤和相关注意事项;组织学生进行分组操作实训:巡视、检查、指导和纠正学生操作中的错误;课堂总结;组织学生做好5S管理。

**3. 学生职责**

认真观看PPT课件和教学视频;完成教师布置的操作实训任务;做好课后的清洁、整理等5S管理工作。

### 六 操作步骤

#### 实训3 一级维护作业

**1. 发动机一级维护作业**

1) 检查机油品质和液面高度

(1) 取两片洁净的白色过滤纸,在纸上分别滴下同种新机油和正在使用的机油各一滴,取机油时要注意清洁。如果在用的机油滤纸痕迹中间黑点里有较多的硬沥青质及炭粒等,表明机油滤清器的滤清作用不良,应该更换机油滤清器。但这并不说明机油变质;如果机油滤纸痕迹中间黑点较小且色较浅,周围的黄色痕迹较大,油迹的界线不很明显而且是逐渐扩散的,说明机油仍可继续使用;如果滤纸痕迹中部的黑点较大,且油是黑褐色,均匀无颗粒,黑点与周围的黄色油迹界限清晰,则说明机油已变质,应及时更换。

(2) 用手捻搓机油尺上的取样机油,若机油失去黏性,说明机油已经变质。

(3) 把车辆置于水平地面上,运转发动机,达到正常工作温度,然后关闭发动机,等待5min,以便机油流回到油底壳。

(4) 打开发动机舱盖,铺设车外保洁三件套。

(5) 从导管中拉出机油尺,并用干净的软布擦净油迹。

(6) 重新将机油尺插入导管中直到限位位置,再拔出机油尺检查机油液面高度,发动机机油液位于图2-1 B区2/3以上范围。

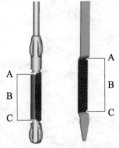

图2-1 机油液面高度检查

(7) 将机油尺插入导管中直到限位位置,避免发动机运转时溢出机油。

发动机机油量不足时,应补充相同牌号机油至规定位置。添加机油时,每次应加注少量机油,让机油流回油底壳,直到发动机油尺的标记位置,切不可加注过量。

2)检查冷却液液位高度

(1)将汽车停放在水平而坚实的地面上。

(2)让发动机充分冷却,打开发动机舱盖。

(3)检查冷却系统管路有无泄漏。

(4)检查冷却液液位高度是否正常。

(5)目视检查膨胀罐内冷却液标记与实际冷却液液位高度,冷却液液位高度应位于冷却液最低标记2和最高标记1之间,如图2-2所示。

(6)如膨胀罐中的冷却液液面高度低于最小标记2("min"),须添加冷却液。发动机处于热态时,冷却液液位可能略高于标记区域的上限1;加注冷却液后,液位必须处于图示膨胀罐的两标记2与1范围内。

3)检查制动液液位高度

(1)检查制动管路是否有泄漏。

(2)检查制动液液位高度是否正常。检查制动液储液罐内制动液的液面高度是否处于最低刻度2和最高刻度线1之间,如果液位低于最低刻度1(MIN),检查制动系统管路是否有泄漏,并加注正确牌号的制动液到合适位置,如图2-3所示。

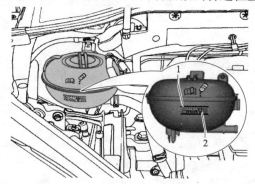

图2-2 冷却液液面高度检查

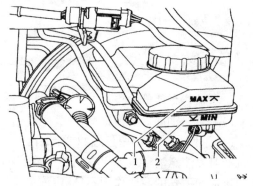

图2-3 制动液液面高度检查

4)检查动力转向液(适用于装备液压助力转向的车辆)

(1)检查动力转向液液位高度是否正常。拧下油尺盖,用一块干净的抹布擦净油尺,用手拧紧油尺盖并将其再次拧下目视检查;观察储液罐内动力转向液的液面高度是否处于最低刻度线MIN和最高刻度线MAX之间,如图2-4所示。

(2)如果动力转向液液位过低,检查动力转向液管路有无渗漏;若有泄漏,则进行故障排除;若无泄漏,加注正确牌号的动力转向液到合适位置。

5)检查并清洁空气滤清器

(1)拔下图2-5中曲轴箱通风软管1,拔下制动

图2-4 动力转向液液面检查

真空管 2,沿箭头方向向上拉出空气滤清器。

(2)拆下空气滤清器罩壳,拿出空气滤清器。

(3)用压缩空气和气枪,完全吹出滤芯内部的灰尘。

(4)清洁空气滤清器壳体内部及罩壳内的灰尘。

(5)放回空气滤清器,并装回罩壳。

(6)安装空气滤清器时,滤清器上的节气门连接孔(图 2-6 示箭头 A),与支承轴销固定孔(图示箭头 B)的位置应分别与节气门和支撑轴销相对应。

(7)装回空气滤清器,插上制动真空管 2 和曲轴箱通风软管 1。

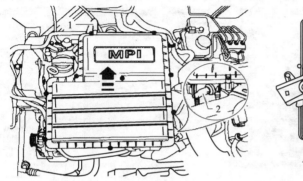

图 2-5 空气滤清器拆卸
1-曲轴箱通风软管;2-制动真空管

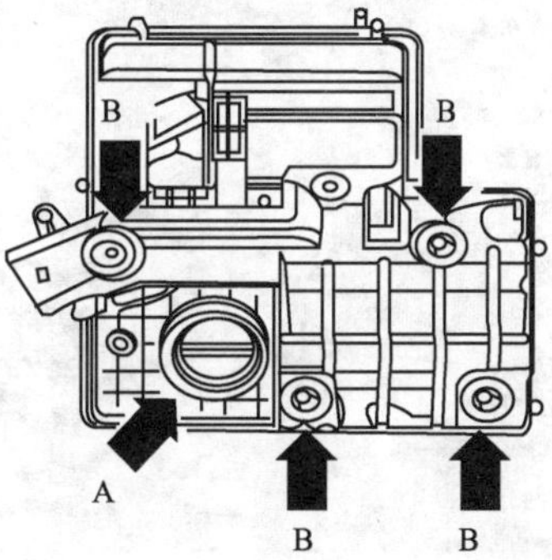

图 2-6 空气滤清器安装位置图

6)检查蓄电池

(1)蓄电池外观检查:检查蓄电池壳体是否有裂纹、渗漏电解液的现象,检查蓄电池正负极柱是否被腐蚀。

(2)来回摇动蓄电池正极接线柱和负极接线柱检查它们是否固定牢靠,若松动,用 6N·m 力矩紧固螺栓,如图 2-7 所示。

(3)检查蓄电池静态电压:用万用表检查蓄电池静态电压是否正常,如图 2-8 所示。

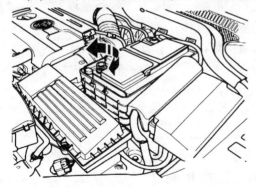

图 2-7 蓄电池接线柱牢固性检查

图 2-8 蓄电池电压检查

**2. 底盘一级维护作业**

1)传动系统的维护

(1)检查变速器、主减速器有无漏润滑油现象,检查通气孔是否清洁、畅通,检查各部件连接是否牢靠。

（2）如图2-9所示，检查传动轴外侧、内侧万向节卡箍安装是否可靠，护套是否损坏和泄漏润滑脂。

（3）按照维修手册要求，紧固传动系统各部件连接螺栓。

2）转向系统的维护

（1）检查转向横拉杆有无松旷、有无明显变形和损伤，通过晃动转向横拉杆和转动车轮来检查转向系间隙，必须无间隙。

（2）检查各连接点固定是否牢靠。

（3）检查转向横拉杆的防尘罩有无损坏及安装位置是否正确，如图2-10所示。

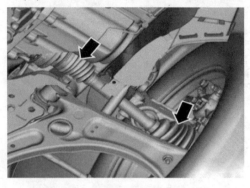

图2-9　万向节防护套检查

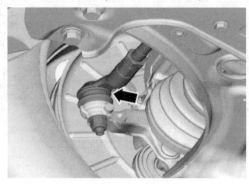

图2-10　转向横拉杆检查

3）制动系统的维护

（1）制动主缸、制动助力装置、前后车轮制动器各部件连接紧固、无漏油、无损坏。

图2-11　制动踏板自由行程检查

（2）检查制动管路及接头：制动软管无变形、老化、磨损、破裂现象；制动管路各接头连接可靠、无漏油现象。

（3）检查制动踏板自由行程：测量制动踏板自由行程时，用大拇指按下制动踏板直至感到轻微的阻力，用钢板直尺测量此时的高度值。制动踏板自由行程应符合规定。液压制动的踏板自由行程一般在15～20mm，在调整时应按车型规定的数值进行调整，如图2-11所示。

4）底板检查

（1）目视检查底板保护层、轮罩和下边梁是否损坏。

（2）检查所有导线是否都固定在支架中，所有塞子是否都齐全。

（3）特别检查图2-12所示密封盖，是否有裂缝、脱落，底部保护层是否腐蚀。

5）行驶系统的维护

（1）检查轮胎表面：轮胎胎冠和侧面是否有损坏和异物。

（2）轮胎胎面是否一侧磨损、胎壁是否疏松多孔、是否有切口和刺穿。

（3）轮胎（及备胎）花纹深度应大于1.6mm，在轮胎侧面"△"标记处，若同一截面上多处1.6mm高的磨损标记不再有花纹，表明轮胎达到了最低胎面花纹深度，图2-13箭头所示。

项目二 发动机维护作业内容与规范

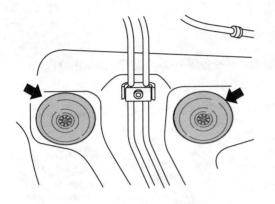

图2-12 底部密封盖检查

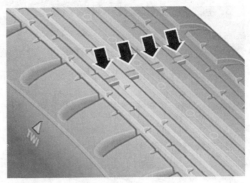

图2-13 检查轮胎花纹深度

(4) 轮胎气压符合规定：在油箱盖内侧的标签上有相应的充气压力值，如表2-1所示不同车型标准胎压值。若不符合规定，按要求的气压充气或放气。

轮胎标准气压　　　　　　　　　　　　表2-1

| 汽油发动机 | | 胎　压 | | | |
|---|---|---|---|---|---|
| 功率 | | 半负荷 $10^5$Pa | | 全负荷 $10^5$Pa | |
| | | 前部 | 后部 | 前部 | 后部 |
| 1.4L 96kW | 205/55 R16 | 2.0 | 2.0 | 2.3 | 2.8 |
| 1.6L 77kW | | 2.0 | 2.0 | 2.3 | 2.8 |
| 1.8L 118kW | | 2.2 | 2.2 | 2.4 | 2.9 |
| 备胎 | | 3.5 | | | |

(5) 检查轮毂轴承松紧程度：轮毂轴承应转动灵活无卡滞，轴向及径向无明显间隙。

(6) 检查前后减震器：分别检查前部螺旋弹簧1和塑料防尘罩2及缓冲块是否损坏，后部螺旋弹簧1和塑料防尘罩2及缓冲块是否损坏，如图2-14、图2-15所示。

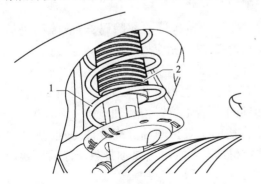

图2-14 前部螺旋弹簧
1-螺旋弹簧；2-防尘罩

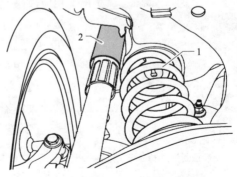

图2-15 后部螺旋弹簧
1-螺旋弹簧；2-防尘罩

## 3. 车身、电气设备的一级维护作业

1) 车身

(1) 检查车门、门锁、玻璃升降器、后视镜、发动机舱盖等各部件完好,工作正常。

(2) 润滑各车门止动器、发动机舱盖锁扣,如图2-16、图2-17 所示。

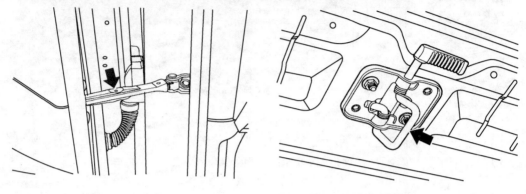

图2-16 车门止动器润滑　　　　　图2-17 发动机舱盖锁扣润滑

2) 电气设备

(1) 检查照明设备、仪表和信号装置,各部位应齐全完好,工作正常。

(2) 检查起动机、发电机、刮水器,应工作正常无异响。

(3) 检查空调装置:清洁冷凝器外部。

## 实训4　二级维护作业

### 1. 发动机二级维护作业

1) 查询自诊断系统故障存储器

图2-18 故障码读取
1-故障诊断仪;2-诊断导线插头

(1) 正确连接故障诊断仪,如图2-18 所示:断开点火开关,将诊断导线插头2 连接到诊断接口上,接通故障诊断仪1,打开点火开关。

(2) 根据屏幕指示,找到对应的车型系统。

(3) 读取故障码,若提示系统正常则操作结束,若出现相应故障码,则记录下来。

(4) 清除故障码,再次读取故障码,若故障码仍然存在,根据故障码含义,进行相应故障排除。

2) 更换机油和机油滤清器

(1) 举升车辆至合适高度,拆下发动机舱底部盖板,将机油收集器推至车下合适位置,并锁止。

(2) 选用合适的工具拆卸油底壳放油螺栓,排放出发动机机油(注意机油不要溅出),机油排放干净后更换新的放油螺塞,如图2-19 所示。

(3) 拆卸机油滤清器,图2-20 箭头所示。注意:拆卸机油滤清器时,必须佩戴防护手套;操作时,机油不要流到手上,也不要流到地面上。

图2-19 放油螺栓更换

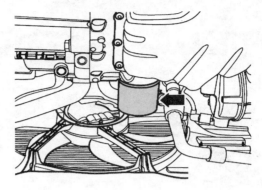
图2-20 拆卸机油滤清器

（4）安装新的机油滤清器。安装前,检查并清洁机油滤清器底座,用干净布清洁机油滤清器底座上的机油;在新的机油滤清器的衬垫上涂抹一层干净的机油;先用手将机油滤清器安装到滤清器底座上,并拧紧。再用机油滤清器专用扳手和预置式扭力扳手以20N·m力矩紧固机油滤清器;最后用干净抹布清洁机油滤清器周围。

（5）将拆卸的旧机油滤清器和放油螺栓放置到规定位置,机油收集器归位,安装好发动机舱底部盖板,并降下车辆。

3）更换空气滤清器

（1）分别拔下图2-5中的曲轴箱通风软管1和制动真空管2。

（2）沿图2-5中箭头方向拔下空气滤清器总成。

（3）分解空气滤清器壳体,取出空气滤清器滤芯2（图2-21为空气滤清器结构图）。

（4）用干净抹布或压缩空气清洁空气滤清器上部罩壳1和下部罩壳3内部,如图2-22所示。

（5）安装新的空气滤清器滤芯,组装空气滤清器总成。

（6）装复制动真空管,装复曲轴箱通风软管。

4）冷却系统的维护

（1）检查冷却液冰点:用冷却液冰点检测仪——折射计（图2-22）,检查冷却液冰点;从明暗分界线处读取冷却液冰点,若不能确定当前所用冷却液类型,则使用冷却液G13的刻度,如图2-23中的刻度2。

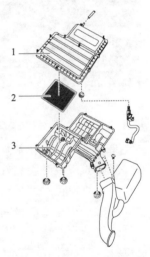
图2-21 空气滤清器结构图
1-上部罩壳;2-滤芯;3-下部罩壳

（2）起动发动机,检查冷却液泵是否有异响及渗漏;若有异响或渗漏,应更换冷却液泵总成。

（3）检查冷却系节温器:蜡式节温器必须定期检查,一般每行驶5万km检查一次。

5）检查燃油箱及油管

（1）检查燃油管路有无泄漏、压痕或其他损坏。

（2）检查燃油管接头是否泄漏或松动。

（3）检查燃油箱连接管路是否损坏,燃油软管有无扭曲、裂纹,安装是否牢靠。

图2-22 折射计

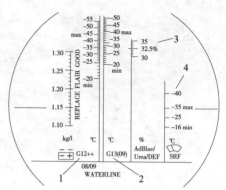

图2-23 冷却液冰点读取

6）检查火花塞

（1）将火花塞从发动机上拆卸下来：拆卸空气滤清器（图2-5），拆下带功率输出级的点火线圈（图2-24），用专用工具拆下各缸火花塞（图2-25）。

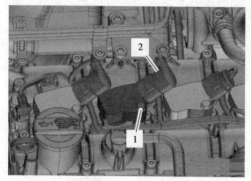

图2-24 拆卸点火线圈

1-点火线圈；2-接插头

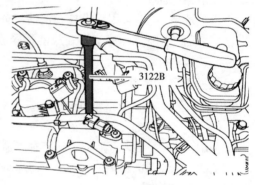

图2-25 拆卸火花塞

（2）目视检查火花塞陶瓷是否有裂纹。

（3）检查螺纹是否完好。

（4）检查电极颜色是否正常：根据维修手册要求按规定进行清洁或更换。

（5）检查火花塞电极间隙：用薄厚规检查电极间隙，间隙应符合标准（1.00~0.05mm）。

（6）安装火花塞。

7）检查消声器及三元催化装置

（1）起动发动机，换挡杆置于N挡。

（2）轻踩加速踏板，使发动机低速运转。若排气管声音过小，说明排气管被堵塞；声音过大或有杂音，说明消声器出现故障。

（3）继续踩下加速踏板，通过发动机排气声音在加速过程中的变化辨别消声器是否损坏。

（4）用尾气分析仪检查三元催化装置是否破损或堵塞。

**2. 底盘二级维护**

1）拆检轮胎，并进行轮胎换位

（1）轮胎拆卸。

①用随车工具中的拉拔钩插入盖罩开口中，拔出车轮螺母盖罩，如图2-26所示。

②用指针式扭力扳手以对角线方式预旋松轮胎螺母。
③举升车辆至合适高度,用气动扳手拆下四个轮胎螺母。
④做好轮胎位置标记。
(2)轮胎检查。同一级维护。
(3)轮胎换位。将轮胎进行前后换位,如图2-27所示。

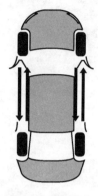

图2-26　拆卸车轮螺母盖罩　　　　　　图2-27　轮胎换位

(4)轮胎装复。
①用套筒扳手将轮胎螺母分别拧入轮毂孔中。
②用气动扳手将轮胎螺母紧固。
③将车辆降至地面,用预置式扭力扳手以对角线方式将轮胎螺母拧紧至120N·m,如图2-28所示。
④装入轮胎螺母盖罩,清洁轮胎。
2)制动摩擦片的检测
(1)前制动摩擦片检测,如图2-29a)所示。
①拆下安装有制动摩擦片磨损指示器那一侧的车轮。
②拔下车轮螺栓帽,标出车轮相对于制动盘的位置。
③拆卸所有轮胎。
④检查制动盘是否存在裂痕、划痕、锈蚀等损坏。
⑤目测检查内外片的厚度,磨损极限2mm。
⑥安装车轮。

图2-28　轮胎紧固

(2)后轮制动摩擦片检测,如图2-29b)所示。
①拆下安装有制动摩擦片磨损指示器那一侧的车轮。
②拔下车轮螺栓帽,标出车轮相对于制动盘的位置。
③拆卸所有轮胎。
④检查制动盘是否存在裂痕、划痕、锈蚀等损坏。
⑤将手电筒伸入轮辋的开口,向内进行照明,目测得出外侧摩擦片的厚度$a$;用手电筒照

亮内部摩擦片,目测内部摩擦片的厚度 $a$,磨损极限 2mm。

⑥安装车轮。

a)前轮摩擦片厚度检查　　　　　　b)后轮摩擦片厚度检查

图 2-29　摩擦片厚度检查

New Sagitar 汽车行驶 5000km 走合维护工作内容见表 2-2。

New Sagitar 汽车行驶 5000km 走合维护工作内容　　　　表 2-2

| 序　号 | 作业范围 | 备　注 |
| --- | --- | --- |
| 1 | 查询自诊断系统故障存储器 | |
| 2 | 润滑车门止动器 | |
| 3 | 目测检查发动机及机舱内的其他部件是否有泄漏或损坏 | |
| 4 | 检查制动液液位,必要时添加 | |
| 5 | 检查冷却液液面高度及浓度,如必要添加冷却液或调整浓度 | |
| 6 | 检查风窗清洗液液面高度,必要时添加 | |
| 7 | 检查蓄电池固定情况、电眼颜色(免维护蓄电池无电眼检查蓄电池电压及其电解液液位) | |
| 8 | 检查喷油器状态,必要时采取相应维修措施 | |
| 9 | 更换发动机机油及机油滤清器 | |
| 10 | 目测检查变速器、主减速器及等速万向节防护套有无泄漏或损坏(从车体下面) | |
| 11 | 检查转向横拉杆球头的间隙、固定情况及防尘套状况 | |
| 12 | 检查手动变速器内的齿轮油油位,如必要时添加齿轮油 | |
| 13 | 加注燃油添加剂 G17 | |
| 14 | 目测检查制动系统是否有泄漏和损坏 | |
| 15 | 目测检查车身底部防护层和底部饰板是否破损 | |
| 16 | 检查前、后轮制动摩擦片厚度 | |
| 17 | 检查所有轮胎(包括备胎)的花纹深度、磨损形态,清除轮胎上的异物 | |
| 18 | 进行轮胎换位,按要求检查轮胎气压,必要时校正;检查车轮螺栓拧紧力矩 | |
| 19 | 使维护周期提示器复位 | |
| 20 | 试车,检查行车及驻车制动器的制动效能,检查变速器、离合器、转向及空调等功能,检查故障存储器,终检 | |

## 七 考核要点与评分标准

一级维护和二级维护考核要点与评分标准见表2-3和表2-4。

一级维护评分表　　　　　　　　　　　　　　　　　　　表2-3

| 序号 | 项目 | 配分 | 考核要点 | 扣分 | 得分 | 考核记录 |
|---|---|---|---|---|---|---|
| 1 | 安全文明操作 | 5 | 遵守安全操作规程 | | | |
| | | | 现场5S管理 | | | |
| 2 | 操作过程 | 5 | 选用工具恰当 | | | |
| | | 20 | 规范完成发动机一级维护作业 | | | |
| | | 15 | 能规范完成底盘一级维护作业 | | | |
| | | 15 | 能规范完成车身电器一级维护作业 | | | |
| | | 20 | 能规范完成整车一级维护作业 | | | |
| | | 5 | 能及时整理工具和工作场地 | | | |
| 3 | 环保要求 | 5 | 更换旧件放入规定回收桶 | | | |
| 4 | 任务完成情况 | 10 | 按规定时间完成作业项目 | | | |
| | | | 操作规范、符合要求 | | | |
| 5 | 得分 | 100 | | | | |

注：发生重大事故（人身和设备安全事故）、严重违反维修规范的操作等，发生一次立即停止操作，成绩取消。

二级维护评分表　　　　　　　　　　　　　　　　　　　表2-4

| 序号 | 项目 | 配分 | 考核要点 | 扣分 | 得分 | 考核记录 |
|---|---|---|---|---|---|---|
| 1 | 安全文明操作 | 5 | 遵守安全操作规程 | | | |
| | | | 现场5S管理 | | | |
| 2 | 操作过程 | 5 | 选用工具恰当 | | | |
| | | 20 | 规范完成发动机二级维护作业 | | | |
| | | 15 | 能规范完成底盘二级维护作业 | | | |
| | | 15 | 能规范完成车身电器二级维护作业 | | | |
| | | 20 | 能规范完成整车二级维护作业 | | | |
| | | 5 | 能及时整理工具和工作场地 | | | |
| 3 | 环保要求 | 5 | 更换旧件放入规定回收桶 | | | |
| 4 | 任务完成情况 | 10 | 按规定时间完成作业项目 | | | |
| | | | 操作规范、符合要求 | | | |
| 5 | 得分 | 100 | | | | |

注：发生重大事故（人身和设备安全事故）、严重违反维修规范的操作等，发生一次立即停止操作，成绩取消。

# 项目三　发动机的拆卸与解体

## 一　实训目的

(1) 了解发动机总成及附件拆卸过程中的基本要求和注意事项。
(2) 了解发动机解体的一般原则和流程。
(3) 掌握发动机解体的技术工艺。
(4) 掌握按照工艺流程解体发动机；按照技术标准检验发动机的解体质量。
(5) 熟练拆卸发动机总成及附件。
(6) 熟练解体发动机。

## 二　实训内容

**1. 预习相关知识**

汽车发动机是汽车动力源,目前汽车上主要使用汽油机和柴油机;分为四冲程发动机和二冲程发动机,按照完成一个工作循环所需的行程数可分为四冲程内燃机和二冲程内燃机。把曲轴转两圈(720°),活塞在汽缸内上下往复运动4个行程,完成一个工作循环的内燃机称为四冲程内燃机;而把曲轴转一圈(360°),活塞在汽缸内上下往复运动两个行程,完成一个工作循环的内燃机称为二冲程内燃机。汽车发动机广泛使用四行程内燃机。发动机的缸数有单缸和多缸发动机。家用汽车最常用的是汽油机,汽油发动机由两大机构和五大系统组成,即由曲柄连杆机构,配气机构、燃料供给系统、润滑系统、冷却系统、点火系统和起动系统组成;柴油机与汽油机雷同,不同的是柴油机是压燃的,不需要点火系。

曲柄连杆机构是发动机实现工作循环,完成能量转换的主要运动零件。它由机体组、活塞连杆组和曲轴飞轮组等组成。在做功行程中,活塞承受燃气压力在汽缸内作直线运动,通过连杆转换成曲轴的旋转运动,并从曲轴对外输出动力。而在进气、压缩和排气行程中,飞轮释放能量又把曲轴的旋转运动转化成活塞的直线运动。

配气机构的功用是根据发动机的工作顺序和工作过程,定时开启和关闭进气门和排气门,使可燃混合气或空气进入汽缸,并使废气从汽缸内排出,实现换气过程。配气机构大多采用顶置气门式配气机构,一般由气门组、气门传动组和气门驱动组组成。

汽油机燃料供给系统的功用是根据发动机的要求,配制出一定数量和浓度的混合气,供入汽缸,并将燃烧后的废气从汽缸内排出到大气中去;柴油机燃料供给系统的功用是把柴油和空气分别供入汽缸,在燃烧室内形成混合气并燃烧,最后将燃烧后的废气排出。

润滑系统的功用是向作相对运动的零件表面输送定量的清洁润滑油,以实现液体摩擦,减小摩擦阻力,减轻机件的磨损,并对零件表面进行清洗和冷却。润滑系通常由润滑油道、机油泵、机油滤清器和一些阀门等组成。

冷却系统的功用是将受热零件吸收的部分热量及时散发出去,保证发动机在最适宜的温度状态下工作。水冷发动机的冷却系通常由冷却水套、水泵、风扇、水箱、节温器等组成。

**2. 实训任务与课时分配**

本实训项目分为两个实训任务:发动机总成及附件的拆卸、发动机的解体。共用 8 个课时完成。

### 三 实训器材

发动机 4 台,配备相应的实训台架、机油盛放器皿等。

### 四 实训要求与注意事项

(1)正确使用拆装工具。
(2)注意安全。
(3)不能损坏易损件。

### 五 教学组织

**1. 教学组织形式**

分组教学。按照 4~5 个工位分组教学。每组 5~10 人。

**2. 实训教师职责**

通过 PPT 课件展示、教学视频播放和示范操作等教学手段,讲解实训任务的操作步骤和相关注意事项;并组织学生进行分组实训操作;巡视、检查、指导和纠正学生操作中的错误;课堂总结;组织学生做好 5S 管理。

**3. 学生职责**

认真观看 PPT 课件和教学视频;完成教师布置的任务;做好课后的清洁、整理等 5S 管理工作。

### 六 操作步骤

#### 实训 5　发动机总成及附件的拆卸

拆卸发动机如图 3-1 所示。

(1)释放燃油压力。断开蓄电池负极电缆。拆下整个前保险杠总成。拆下发动机挡泥板。放出冷却液,断开冷凝器和暖风水箱的水管及膨胀水箱连接管,断开炭罐连接管,如图 3-2、图 3-3 所示。

(2)断开散热器左下侧的动力转向冷却螺旋管,使冷却螺旋管悬空。拆下散热器左右侧空气道管,拆下空调冷凝器固定螺栓,断开空调压力开关。将其支架向上拉出空调冷凝器,转到一侧并用金属线固定在靠近右车轮的地方。拆下锁止托架时注意:硅油风扇是用左旋螺纹安装的,顺时针

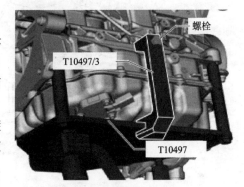

图 3-1　拆卸发动机

转动时松开螺栓,如图3-4所示。

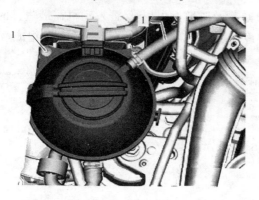

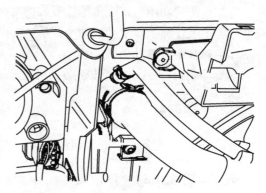

图3-2　断开冷凝器连接管

1-连接管

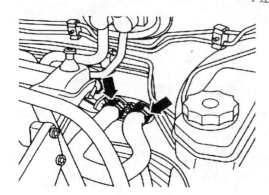

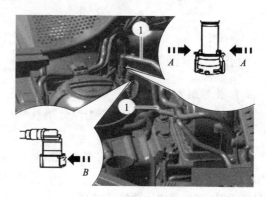

图3-3　断开暖风水箱连接管

1-连接管

(3)用开口扳手沿顺时针旋转传动带盘、传动带张紧器固定螺钉,并安装一个楔铁。拆下多楔传动带,如图3-5所示。

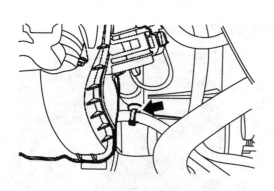

图3-4　拆下空调冷凝器固定螺栓

图3-5　拆下多楔传动带

1-传动带盘;2-传动带

(4)拆下油泵的动力转向管。从发动机前方拆下空调制冷剂管固定螺栓。断开空调压力机并放在一旁(保留连接着空调压缩机软管)。断开排气歧管连接件,断开 4 个氧传感器线束接头。拆下带有转化器的前排气管,如图 3-6 所示。

(5)拆下空气滤清器总成的上部,拆下进气歧管罩,断开与发动机的真空管路连接以及和车身相连的进气道软管。

(6)断开供油管与回油管,断开发动机的冷却液、电器与真空连接。拆下发动机冷却液膨胀箱并置于一侧。断开起动机与发电机电路,松开起动机螺栓并拆下副车架与驱动桥之间的螺栓,如图 3-7 所示。

图 3-6　拆下空调压缩机
1-插接器

图 3-7　拆下起动机线束

(7)拆下发动机与变速器的上部连接螺栓。拆下发动机下部左、右侧的固定螺母。如有用自动变速器,则拆下 3 个液力变矩器螺栓。稍稍升起发动机以便可以接近下部发动机与变速器的连接螺栓,拆下下部发动机与变速器的连接螺栓,如图 3-8 所示。

(8)从底部标记发动机左、右支座定位套的位置。把支承架置于翼子板的螺栓连接凸缘上,将支承架拧入变速器离合器壳的螺栓孔,如图 3-9 所示。

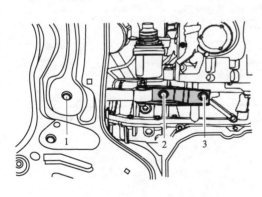

图 3-8　拆下发动机与变速器连接螺栓
1,2,3-螺栓

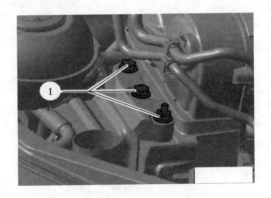

图 3-9　拆下发动机支架
1-螺栓

(9)用升举器或吊架,从汽车上提起发动机,如图 3-10 所示。

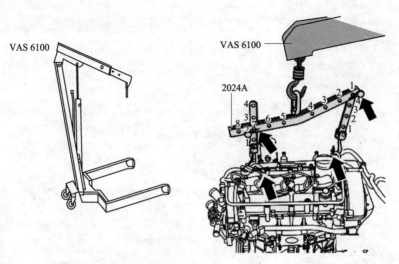

图 3-10 吊卸发动机总成

## 七 考核要点与评分标准

发动机拆卸评分项目见表 3-1。

拆卸发动机评分表　　　　　表 3-1

| 序号 | 项目 | 配分 | 考核要点 | 扣分 | 得分 | 考核记录 |
|---|---|---|---|---|---|---|
| 1 | 安全文明操作 | 5 | 遵守安全操作规程 | | | |
| | | | 现场 5S 管理 | | | |
| 2 | 操作过程 | 5 | 选用工具恰当 | | | |
| | | 20 | 规范完成发动机吊装作业 | | | |
| | | 15 | 能规范完成发动机与车身的拆卸作业 | | | |
| | | 15 | 能规范完成发动机和车身电器拆卸作业 | | | |
| | | 20 | 能规范完成发动机拆卸作业 | | | |
| | | 5 | 能及时整理工具和工作场地 | | | |
| 3 | 环保要求 | 5 | 更换旧件放入规定位置 | | | |
| 4 | 任务完成情况 | 10 | 按规定时间完成作业项目 | | | |
| | | | 操作规范、符合要求 | | | |
| 5 | 得分 | 100 | | | | |

备注：发生重大事故(人身和设备安全事故)、严重违反维修规范的操作等，发生一次立即停止操作，成绩取消。

# 项目四　发动机机体组的检修

## 一　实训目标

（1）掌握机体组各组成部分作用。
（2）掌握机体组各组件拆装和检修的基本方法。

## 二　实训内容

### 1. 预习相关知识

汽缸体是发动机的基础零件，汽缸盖则是发动机的主要零件，它们多用灰铸铁、合金铸铁或铝合金铸造而成。它们的结构形状复杂，并在高温、高压及交变载荷条件下工作，因而不仅各配合表面会产生磨损，而且由于工作载荷和铸造残余应力的作用，也容易产生变形，使其形状和位置误差增大，并破坏各配合副的相互关系。同时，汽缸体和汽缸盖各部分因工作温度不均匀所引起的热应力，还可能与工作载荷、铸造残余应力等叠加，使零件自身相对薄弱处产生裂纹等。这些耗损将影响整个发动机的性能指标和使用可靠性。

### 2. 实训任务与课时分配

本实训项目分为4个实训任务：汽缸压力的检测、汽缸体和汽缸盖裂纹的检修、汽缸盖变形的检修和汽缸磨损的检修。共用12个课时完成。

## 三　实训器材

EA211发动机、发动机翻转架、台钳、汽缸压力检测仪、刃口尺、薄厚规、游标卡尺、外径千分尺、内径百分表、常用拆装工具等各四套。

## 四　实训要求与注意事项

（1）在满足厂家的生产规范及质量要求的前提下，对发动机进行相应的拆检作业。
（2）严格按照安全操作规程进行项目作业。
（3）自觉按照文明生产规则进行项目作业。
（4）努力按照环保要求进行项目作业。
（5）翻转台架时，注意安全。

## 五　教学组织

### 1. 教学组织形式

分组教学。按照4~5个工位分组教学。每组5~10人。

## 2. 实训教师职责

通过 PPT 课件展示、教学视频播放和示范操作等教学手段,讲解实训任务的操作步骤和相关注意事项;并组织学生进行分组实训操作:巡视、检查、指导和纠正学生操作中的错误;课堂总结;组织学生做好 5S 管理。

## 3. 学生职责

认真观看 PPT 课件和教学视频;完成教师布置的任务;做好课后的清洁、整理及 5S 管理工作。

## 六 操作步骤

### 实训 6　汽缸压力的检测

汽缸压缩压力对发动机工作有很大影响,不符合规定对发动机性能造成不良影响:压力过大,造成工作粗暴,易爆震;压力过小,动力不足,使燃油及机油消耗增加,甚至不能起动;各缸压力不均匀,造成发动机运转粗暴或缺缸。

**1. 汽缸压力检测**

(1)从熔断器支架上取下燃油泵继电器的熔断丝,起动发动机并一直运行,直到发动机熄火。

(2)关闭点火开关。

(3)拔下图 2-5 中曲轴箱通风软管 1,拔下制动真空管 2,沿箭头方向向上拉出空气滤清器。

V.A.G 1763

图 4-1　汽缸压力检验仪

(4)拆卸带功率输出级的点火线圈 2,如图 2-25 所示。

(5)拆下火花塞,如图 2-26 所示。

(6)将汽缸压力检测仪 V.A.G1763 或其他型号压力表安装到发动机上,以检测汽缸压缩压力,如图 4-1 所示。

(7)由另一位学员完全踩下加速踏板并同时操作起动机,直到检测仪上不再显示汽缸压力上升为止。

(8)在每个汽缸上重复进行该操作两次,取平均值,与标准压力值进行对比,进行结果分析。标准压力如表 4-1 所示。

表 4-1　汽缸压力标准

| 压缩压力值 | ($10^5$Pa) | 压缩压力值 | ($10^5$Pa) |
|---|---|---|---|
| 新的 | 10.0、11.0……15.0 | 汽缸间的最大差值(mm) | 3.0 |
| 磨损极限 | 7.0 | | |

(9)安装火花塞,扭紧力矩 22N·m,安装带功率输出级的点火线圈。

(10)安装空气滤清器,插上燃油泵继电器熔断丝。

**2. 技术要求**

①各缸压力值不低于标准压力的 85%。

②相邻两缸压力差不大于 8%。

**3. 结果分析**

1)结果大于标准值

原因有:

(1)燃烧室内积炭过多；
(2)维修时缸体(缸盖)的磨削量过多。
2)结果小于标准值
原因有：
(1)活塞环漏气；
(2)气门漏气；
(3)汽缸垫损坏。

如何区分以上三者呢？向该缸火花塞或喷油器内加入 20～30mm 机油，重新测量该缸压力。
(1)第二次测得的压力值比第一次高，接近于标准值，表明活塞环密封不良。
(2)第二次测得的压力跟第一次差不多，表明气门或汽缸垫密封不良。
(3)若相邻两缸两次测得的压力都很低，表明相邻两缸处的汽缸垫烧损串气。

### 实训 7　汽缸体、汽缸盖裂纹的检修

由于 EA211 发动机采用全铝材料制造，所以使用、维修要求更加规范，否则更容易造成汽缸体和汽缸盖的损伤。

**1. 造成汽缸体、汽缸盖裂纹的原因**

(1)汽缸体与汽缸盖部位水套壁厚较薄。
(2)铸造时残余应力影响。
(3)水垢聚集过多，散热不良。
(4)发动机在高速运转时热应力、惯性力、汽缸体受交变应力作用的影响，使水套壁产生裂纹。
(5)发动机高温状态下，突然加入冷水，造成汽缸体、汽缸盖热应力过大，导致汽缸体、汽缸盖出现裂纹。
(6)使用不当导致汽缸体、汽缸盖裂纹。
(7)修理过程中的不规范操作，如汽缸盖紧固螺栓未按照维修手册要求拆卸和装配，紧固力矩不均匀等，导致螺栓孔附近产生裂纹。
(8)加入不合格的冷却液，导致汽缸体、汽缸盖冻裂。

**2. 汽缸体、汽缸盖裂纹检修方法**

汽缸体、汽缸盖裂纹通常采用水压试验进行检验，如图 4-2 所示。

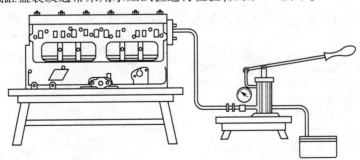

图 4-2　汽缸体和汽缸盖水压试验

试验方法是将汽缸盖及衬垫装在汽缸体上，将水压机出水管接头与汽缸前端连接好，并封闭所有水道，然后将水压入缸体水套中，要求压力为 30～40kPa，保持 5min，如汽缸体、汽

缸盖由里向外有水珠渗出,即表明该处有裂纹。对于新镶汽缸套、气门座圈的汽缸体或修补过的汽缸体,均应进行水压试验。

## 实训 8　汽缸盖变形的检修

在发动机工作过程中,汽缸盖会因螺栓、螺母的拧紧力矩不均匀、在高温时拆卸受撞击以及长时间受高温、高压等因素的影响而出现翘曲、拱曲和扭曲等变形。汽缸盖变形一旦超出允许的限度,将会引起漏水、窜气、冲坏汽缸垫等故障。

汽缸盖变形检修步骤如下:

**1. 拆卸汽缸盖**

(1)如图 4-3 所示,按照 15~1 顺序松开并拆下凸轮轴箱紧固螺栓,并取下凸轮轴箱。

(2)标记滚子摇臂及液压元件之间的排列顺序,并一起取下滚子摇臂和补偿元件,并放在一块干净的垫子上。

(3)取下凸轮轴箱密封垫。

(4)拆卸进气歧管。

(5)拆卸带尾气催化净化器的排气前管。

(6)拧出发动机支撑件螺栓1,图 4-4 所示。

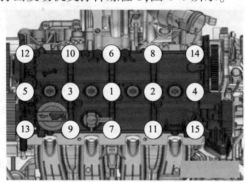
图 4-3　拆卸凸轮轴箱
1~15-凸轮轴箱紧固螺栓

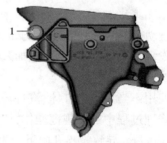
图 4-4　发动机支撑件螺栓
1-发动机支撑件螺栓

(7)利用指针式扭力扳手,按照图 4-5 所示的 10~1 顺序,至少分两次松开汽缸盖紧固螺栓并拧出。

(8)用缠上绝缘胶带的平口螺丝刀左右撬动汽缸盖,取下汽缸盖,并放置在软垫上(泡沫塑料)。

(9)取下汽缸垫。

**2. 清洁**

利用抹布和铲刀,清洁汽缸盖下平面。

**3. 检测**

在汽缸盖下平面和汽缸体上平面纵向、横向和对角线方向,共 6 个位置,各选几个部位进行测量,如图 4-6、图 4-7 所示。利用刃口平尺和薄厚规配合进行检测。

(1)用一只手轻轻将刃口尺的锐角靠在汽缸体上平面,如图 4-7 所示,另一只手选薄厚规 0.05mm 内的测量片向刃口尺和汽缸盖下平面的缝隙中试插。

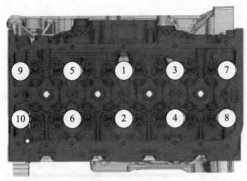

图 4-5 汽缸盖拆卸顺序
1~10-汽缸盖紧固螺栓

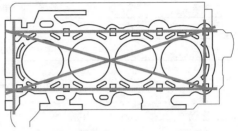

图 4-6 汽缸体平面度检测部位

（2）如果用 0.05mm 的测量片不能或很难插入刃口尺和汽缸盖下平面之间的缝隙中，则说明此测量点的变形量没有达到最大限值，然后更换位置检测刃口尺和汽缸盖下平面之间的其他缝隙。

（3）如果测得如图 4-6 所示的位置上刃口尺和汽缸盖下平面之间的所有缝隙都没有达到最大限值，则再将刃口尺按照图中粗实线所示的其他 5 个方位，用上面两个步骤的方法重复进行检测。

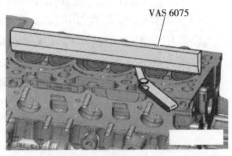

图 4-7 汽缸盖、汽缸体变形检测

（4）在测量过程中，如果用 0.05mm 的测量片插入刃口尺和汽缸盖下平面之间的缝隙时有一些阻力或阻力很小，则说明此汽缸盖下平面的变形量达到或超过了最大限值，需要修理。

（5）清洁量具。

**4. 汽缸盖装复**

（1）用压缩空气清洁汽缸盖下平面、汽缸体上平面、汽缸体上的盲孔（用抹布盖住，防止油料飞溅）及汽缸垫。

（2）安装汽缸垫，检查汽缸垫安装方向。

（3）将汽缸盖一次性放置到汽缸体上。

（4）更换 10 个新的汽缸盖紧固螺栓，润滑螺栓，并按照图 4-8 所示的 10~1 的顺序拧紧螺栓。

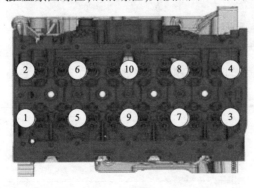

图 4-8 汽缸盖装配顺序
1~10-汽缸盖紧固螺栓

(5) 按照表4-2的要求，分4次拧紧汽缸盖紧固螺栓。

汽缸盖拧紧螺栓紧固顺序　　　　　　　　　表4-2

| 步　骤 | 螺栓紧固顺序 | 拧紧力矩/角度 | 步　骤 | 螺栓紧固顺序 | 拧紧力矩/角度 |
|---|---|---|---|---|---|
| 1 | 1……10 | 40N·m | 3 | 1……10 | 继续旋转90° |
| 2 | 1……10 | 继续旋转90° | 4 | 1……10 | 继续旋转90° |

## 实训9　汽缸磨损的检修

**1. 清洁汽缸体**

(1) 利用铲刀，清除汽缸体上平面积炭、杂质。

(2) 检查汽缸垂直拉痕，清洁汽缸筒。

(3) 利用压缩空气吹净汽缸体上的盲孔。

**2. 用抹布遮挡气枪，以防止残留液体飞溅**

**3. 用内径百分表测量缸径**

如图4-9a)所示测量缸径。在图4-9b)所示上、中、下3个位置以交叉方式，沿着纵向和横向进行测量，并记录测量数值。

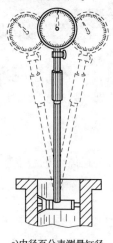
a) 内径百分表测量缸径

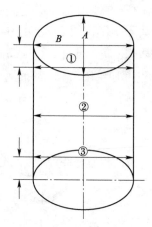
b) 汽缸测量部位

图4-9　汽缸磨损测量

**4. 相对于额定尺寸的最大偏差**

如表4-3所示，汽缸内径与活塞直径的最大偏差是0.08mm。若测得的汽缸直径超过最大值，应重新镗削所有汽缸，如有必要则更换汽缸体。

EA211发动机活塞与汽缸体标准尺寸　　　　　　　表4-3

| 研磨尺寸 | 活塞直径 | 汽缸体直径 |
|---|---|---|
| 基本尺寸(mm) | 76.485(1.6MPI) | 76.5 $^{+0.015}_{+0.005}$ (1.6MPI) |
| | 74.485(1.4MPI) | 74.5 $^{+0.015}_{+0.005}$ (1.4MPI) |

## 5. 计算圆度和圆柱度误差

圆度误差是用同一平面上测得的两个数值差值的一半，圆柱度误差是所有测量的 6 个数值中最大值与最小值差值的一半。根据记录的测量数据，将计算结果填入表 4-4。

汽缸测量表（单位 mm）　　　　　　　　　　　　表 4-4

| 发动机型号 | | 标准缸径 | |
|---|---|---|---|
| 测量部位 | 上部 | 中部 | 下部 |
| 纵向 | | | |
| 横向 | | | |
| 圆度误差 | | | |
| 圆柱度误差 | | | |
| 确定修理尺寸 | | | |

## 6. 确定修理尺寸

如果汽缸圆度误差和圆柱度误差都不超过 0.05mm，则不需要修理；如果有任何一个误差大于 0.05mm，则需要修理。考虑汽缸的镗削余量为 0.20mm 左右，修理的每一等级为 +0.25mm，所以修理尺寸应在标准尺寸的基础上增加 0.50mm。

## 七、考核要点与评分标准

发动机机体组的检修实训考核要点与评分标准见表 4-5。

发动机机体组的检修实训考核评分表　　　　　表 4-5

| 序号 | 项目 | 配分 | 考核要点 | 扣分 | 得分 | 考核记录 |
|---|---|---|---|---|---|---|
| 1 | 安全文明操作 | 10 | 遵守安全操作规程 | | | |
| | | | 正确使用工量具 | | | |
| | | | 现场 5S 管理 | | | |
| 2 | 操作过程 | 20 | 汽缸压力的检测 | | | |
| | | 15 | 汽缸体、汽缸盖裂纹的检测 | | | |
| | | 20 | 汽缸盖变形的检测 | | | |
| | | 25 | 汽缸磨损的检测 | | | |
| 3 | 任务完成情况 | 10 | 任务完成时间 | | | |
| | | | 任务完成质量 | | | |
| 4 | 得分 | 100 | | | | |

# 项目五　活塞连杆组的检修

## 一　实训目标

该实训的目的是为了培养学生对活塞连杆组各零件进行检验、选配及对活塞连杆组进行正确拆装的实际操作能力,并使学生掌握连杆变形的校正方法及活塞销座孔与连杆衬套的铰削方法。

## 二　实训内容

该实训的内容主要分活塞连杆组的分解、活塞的检修与选配、活塞销的选配、活塞环的选配、连杆的检验与校正、连杆衬套的修配、活塞连杆组的组装 7 部分内容。

## 三　实训器材

活塞连杆组的修理所用工具、仪器及设备因车型而异,常用工具、仪器及设备主要有以下几种。
(1)套筒扳手、扭力扳手、活动扳手、尖嘴钳、手锤、阶梯铜冲头。
(2)台钳、活塞环钳、锉刀、可调铰刀、刮刀。
(3)平台、厚薄规、外径千分尺、游标卡尺。
(4)活塞环弹力检验仪、活塞环漏光检验装置、连杆检验校正仪。
(5)机油、清洗剂、油盆、棉纱、砂纸、热水等。

## 四　实训要求

(1)活塞应轻拿轻放,避免磕碰。
(2)清理活塞顶部及活塞环槽内的积炭时,不得为了单纯提高工作效率而使用利器,以免造成活塞的损伤。

## 五　教学组织

**1. 教学组织形式**
分组教学。按照 4~5 个工位分组教学。每组 5~10 人。

**2. 实训教师职责**
通过 PPT 课件展示、教学视频播放和示范操作等教学手段,讲解实训任务的操作步骤和相关注意事项;并组织学生进行分组实训操作;巡视、检查、指导和纠正学生操作中的错误;课堂总结;组织学生做好 5S 管理。

**3. 学生职责**

认真观看 PPT 课件和教学视频;完成教师布置的任务;做好课后的清洁、整理等 5S 管理工作。

## 六 操作步骤

### 实训 10　活塞的检修与选配

#### (一)活塞的检修

在正常使用过程中活塞的主要损伤形式是活塞环槽、活塞销座孔及活塞裙部的磨损,其中以活塞环槽的磨损最为严重,活塞裙部由于承压面积较大,润滑条件较好,且具有良好的弹性,所以其磨损较轻。

**1. 清理活塞积炭**

(1)先用煤油浸透,再用软刷或钝的刮刀清理活塞顶部积炭,如图 5-1 所示。
(2)用专用工具清除活塞环槽内积炭。
(3)清洁后的活塞如图 5-2 所示。

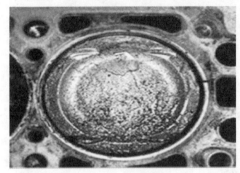
图 5-1　活塞积炭图

图 5-2　活塞积炭清除后

**2. 活塞裂损的检查**

目测检查,若发现活塞有裂纹、破碎、烧顶、脱顶、环岸断裂(如图 5-3 所示)、碰痕、凹陷、刮伤、疤痕、毛刺(如图 5-4 所示)及活塞环槽磨损成梯形或用游标卡尺(或内、外径千分尺)测量活塞销与销座孔的配合间隙过大时,则不能再使用;活塞成品不得有裂纹、蜂窝孔、夹渣及疏松等情况。

图 5-3　活塞烧蚀和环岸断裂图

图 5-4　活塞拉伤和毛刺

**3. 活塞直径与活塞油膜间隙的检测**

（1）如图5-5所示用外径千分尺与活塞销垂直方向上，从活塞裙部底边向上约15mm处测量活塞的直径，与标准尺寸的最大偏差量为0.04mm，超过标准时，应更换全部活塞。

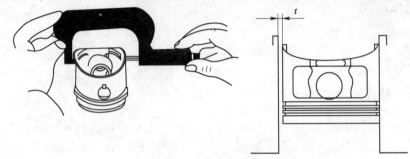

图5-5　活塞直径与活塞油膜间隙的检测

（2）表5-1所示检查活塞与汽缸壁的间隙，标准间隙0.02~0.04mm，维修极限为0.08mm。

活塞裙部标准尺寸　　　　　　　　　　　　　表5-1

| 车　型 | 修理级别 | 活　塞 | 汽　缸 |
|---|---|---|---|
| 桑塔纳 | 标准尺寸（mm） | 79.48 | 79.51 |
| | 第1次修理（mm） | 79.73 | 79.76 |
| | 第2次修理（mm） | 79.78 | 80.01 |
| | 第3次修理（mm） | 80.48 | 80.51 |
| 捷达 | 标准尺寸（mm） | 80.98 | 81.01 |
| | 第1次修理（mm） | 81.23 | 81.26 |
| | 第2次修理（mm） | 81.48 | 81.51 |
| 富康 | 标准尺寸（mm） | 75.00 | 74.95 |
| | 第1次修理（mm） | 75.40 | 75.35 |

**（二）活塞的选配**

发动机镗缸及重新镶套后或者活塞产生严重损伤时均应更换活塞，选配新活塞时应遵循以下原则。

（1）活塞与汽缸应为同一级修理尺寸。

（2）同一台发动机上应尽量选用同一厂牌的同一组活塞。

（3）不能整组选用时应保证各缸活塞的材料、质量、尺寸一致，同一组活塞直径差不得大0.02~0.025mm，质量差不大于2g。

## 实训11　活塞环的检验与更换

**（一）活塞环的检验**

活塞环出现折断或磨损严重，会造成汽缸压力明显下降时，应更换新件，选配新活塞环时，必须保证活塞环与活塞及汽缸应为同一级修理尺寸，而且其端隙、侧隙、背隙、弹力及漏光度均应符合要求。

**1. 活塞环的"三隙"检验**

（1）端隙检验：将活塞环置于汽缸内，用活塞顶部将活塞环推平至环行程底部，因为这里磨损最小，然后将厚薄规插入活塞环开口处进行测量，如图5-6所示。若端隙大于规定值（见表5-2）应重新选取活塞环；端隙小于规定值时，可对环口的一端进行锉削（只能锉削一端环口并去除毛刺以防刮伤汽缸），一般0.25～0.8mm，其磨损极限为1.00mm。

表5-2 侧隙、端隙对照表

| 缸级 | 1 | 2 | 3 | 4 | 5 | 6 | 7 |
|---|---|---|---|---|---|---|---|
| 侧间隙(mm) | 0.08～0.14 | 0.08～0.14 | 0.08～0.14 | 0.08～0.11 | 0.07～0.11 | 0.07～0.10 | 0.06～0.09 |
| 开口间隙(mm) | 2.40～2.80 | 2.10～2.50 | 1.60～1.90 | 1.10～1.40 | 0.80～1.00 | 0.50～0.70 | 0.40～0.90 |

（2）侧隙检验：活塞环的侧隙是指安装到活塞上后，活塞环侧面与活塞环槽之间的间隙。将活塞环放入相应的环槽中滚动检查时，活塞环应滚动灵活且不松旷，用厚薄规进行测量时（图5-7），侧隙应符合表5-2的要求，新装为0.02～0.05mm，极限间隙为0.15mm，侧隙过大或过小时均应重新选取活塞环。

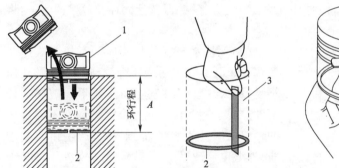 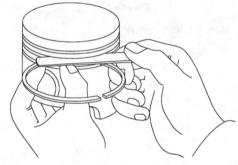

图5-6 活塞环端隙检验
1-活塞；2-活塞环；3-厚薄规

图5-7 活塞环侧隙检验

（3）背隙检验：背隙是活塞环装入汽缸后，环的背面与环槽槽底之间的间隙，为了测量方便，通常以环槽槽深与环的宽度之差表示，将活塞环推靠到环槽槽底后其外圆面应低于环岸0.10～0.35mm，否则应车深环槽（有些发动机不允许）或重新选取活塞环。

**2. 活塞环弹力检验**

活塞环的弹力可用专用的检验仪进行检验，如图5-8所示，检验时将活塞环置于滚轮和底座之间沿秤杆移动活动量块，使活塞环的端隙达到规定值，此时由量块在秤杆上的位置即可读出活塞环的弹力，EQ6100发动机活塞气环的弹力41～59N，油环的弹力为34～49N，奥迪轿车发动机活塞气环的弹力为8.5～12.3N，油环的弹力为7.5～11.3N。

**3. 活塞环漏光检验**

活塞环漏光检验的目的是检查活塞环与汽缸壁的贴合程度，生产中通常是用简易法对活塞环的漏光度进行检验，如图5-9活塞环漏光检验，检验时将被检验的活塞环放于汽缸内并用活塞推平，然后用轻质盖板将活塞环的内圈盖住（盖板外圆不得与汽缸壁接触），在汽缸下部放一光源，由上方观察活塞环的漏光程度，如图5-9所示。漏光检验时活塞环端口左右30°范围内不应有漏光点，同一根活塞环漏光不得多于2处，每处漏光弧长对应的圆心角不得超过25°，同一环上漏光总弧长对应的圆心角不得超过45°，漏光处的缝隙应不大于0.03mm。

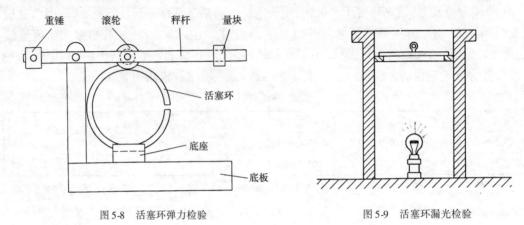

图 5-8　活塞环弹力检验　　　　　　图 5-9　活塞环漏光检验

### （二）活塞环的更换

（1）装环前应仔细检查活塞环，核对其机型、规格、数量，并保持活塞环及环槽的清洁，将环涂以极少的新机油。

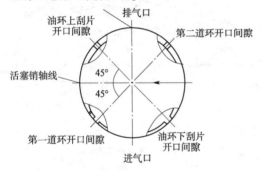

（2）保持水平安装且不应随意拉开或捏合活塞环。既然要求活塞环有较高的尺寸及几何精度，那么在装配时就应当注意不要破坏这种精度。用手随意拉开或捏合活塞环而不保持环的开口两端处于水平面，则环将产生扭曲或翘曲，外形也会改变且容易折断。故装环时必须使用专门的装卸卡钳而避免用手装配。一般将环的开口拉大到8倍时即可套进活塞头部环槽，拉开过大则会造成过度变形。

图 5-10　活塞环开口方向示意

（3）各道环的开口位置应相互错开，如图 5-10 所示，以便造成"迷宫"通道而减少漏气和窜油。开口位置应避免在活塞销方向及侧压力方向。

（4）组合油环一般用手工安装，无论是片状钢带衬簧，还是蛇形衬簧，接合口部位不能在活塞销的轴线上，且要错开60°到90°。

## 实训 12　连杆的检修

连杆在使用过程中的主要损伤形式是弯曲、扭曲、双重弯曲变形及裂纹。

**1. 连杆变形的检验**

连杆的变形可用连杆检验仪进行检验，连杆检验仪有多种类型，生产中常用的主要是百分表式和三点规式，用三点规式检验仪检验弯扭变形。

1）用三点规式检验仪检验连杆的弯扭变形

如图 5-11 所示，其操作方法如下：

（1）先将连杆盖安装到连杆杆身上（不装连杆轴承），按规定力矩拧紧连杆螺栓。

（2）将专用心轴装入已拆除衬套的连杆小头孔中（无专用心轴时可用活塞销代替，但必须预先修配和安装好连杆衬套）。

（3）将连杆大端套将到检验仪的可张心轴上并张紧，连杆衬套的颜色标记应相同。

（4）将三点规安放到连杆小头孔中的心轴上，并将其推靠到检验平板上。

（5）用厚薄规测量三点规的三个测点到检验平板的距离，三个测点均与平板接触时，表明连杆无弯扭变形。如果只有一个上测点与平板接触，且两下测点到平板的距离相等或只有上测点不与平板接触，表明连杆存在弯曲变形，测点与平板的间隙值即为连杆在100mm长度上的弯曲度。如果只有一个下测点与平板接触且另一下测点到平板的距离为上测点到平板距离的2倍，表明连杆存在扭曲变形，下测点到平板的距离即为连杆在100mm长度上的扭曲度，只有一个下测点与平板接触，另一下测点到平板的距离不等于上测点到平板距离的2倍时，表明连杆既存在弯曲变形也存在扭曲变形。

2）用百分表式检验仪检验连杆弯扭变形

用百分表式检验仪检验连杆的弯扭变形，如图5-12所示，其操作方法如下：

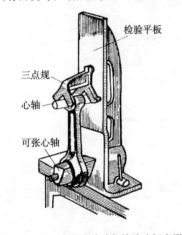

图5-11 用三点规式检验仪检验连杆变形

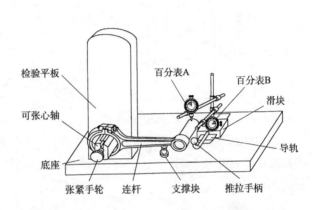

图5-12 用百分表式检验仪检验连杆变形

（1）先将连杆盖安装到连杆杆身上（不装连杆轴承），按规定力矩拧紧连杆螺栓。

（2）将专用测量心轴装入已拆除衬套的连杆小头孔中（无专用心轴时可用活塞销代替，但必须预先修配和安装好连杆衬套）。

（3）将连杆大端套装到检验仪的可张心轴上并张紧。

（4）用支撑块支住连杆小头。

（5）将百分表装于表架上，使其测杆与测量心轴接触（尽量保持垂直），并有1mm左右的预压量。

（6）转动百分表表盘使其指针对正零位。

（7）推拉表架使百分表沿测量心轴轴向移动，测出连杆的弯、扭变形量：百分表A反映连杆的扭曲变形，百分表B反映连杆的弯曲变形。

3）连杆双重弯曲的检验

连杆双重弯曲变形的检验如图5-13所示，检验时将连杆大端端面与平板靠紧，用厚薄规测出连杆小端端面与平板的距离 $a$，然后将连杆翻转 $180°$，再次测出连杆小端端面与平板的距离 $b$，两次所测得的距离之差 $(a-b)$ 即为连杆的双重弯曲值。

**2. 连杆的校正**

在 100mm 长度上，连杆的弯曲度误差应不大于 0.03mm，扭曲度误差应不大于 0.06mm，否则应对其进行校正。校正连杆的扭曲变形时，先安装好连杆盖并按规定力矩拧紧连杆螺栓，然后将连杆大端夹紧在垫有软金属垫块的台钳上，并装上专用扳钳进行校正(安装扳钳时应尽量靠近连杆的两端并注意其扭转方向)，如图 5-14 所示。

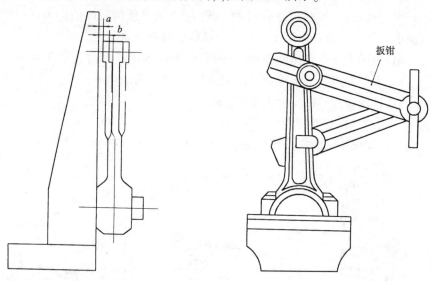

图 5-13 连杆双重弯曲变形的检验　　　　图 5-14 连杆扭曲的校正

校正连杆的弯曲变形时，将连杆置于压具中(使连杆弯曲的凸面朝上)，并在丝杆与连杆接触部位垫好垫块(如图 5-15 所示)，然后向里拧转丝杆使连杆产生反向变形，恢复连杆正确的几何形状。

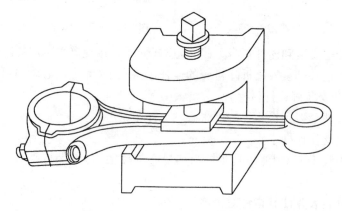

图 5-15 连杆弯曲的校正

为了保证校正品质，校正连杆弯扭变形时应注意以下问题。

(1)反向变形量大小应适当，尽量避免反复过校正。

(2)校正到合适的变形量时，扭(压)载荷应保持一定时间，以减小校正后的残余应力。

(3)连杆变形量较大时,校正后应进行时效处理。
(4)当连杆弯、扭变形并存时,应先校正扭曲后校正弯曲。

## 实训13　活塞销与活塞销座孔及连杆衬套的选配

如果只是活塞座孔磨损严重,在技术要求允许的条件下,也可用可调铰刀对活塞销座孔进行铰削修复,并更换相应修理尺寸的活塞销与之配合。

### (一)活塞销座孔的铰削方法

**1. 选择铰刀**

根据活塞销座孔的尺寸选择合适尺寸的长刃铰刀。

**2. 调整铰刀**

将铰刀垂直夹持到台钳上,转动铰刀调整螺母,将铰刀调至刀片上端刚刚露出销座孔。

**3. 铰削活塞销座孔**

两手握住活塞轻轻下压,并推动活塞顺时针转动进行铰削,如图5-16所示铰至刀片下端接近活塞下方销座孔的边缘时停止铰削,下压活塞使之从铰刀下方脱出,并松开台钳取出铰刀,然后重新将铰刀夹于台钳上,将活塞翻转180°(活塞销座孔上、下方向调换),重新铰削一次。

否则应调整铰刀进行进一步铰削,铰削过程中,两手握持要平稳,用力要均匀,而且每调整一次铰刀,要从销座孔两个方向各铰一次。

**4. 刮削**

铰削符合要求后,用木棰或铜锤将活塞销轻轻敲入销座孔中,再用冲头将活塞销从反方向冲出,然后根据销座孔表面的接触痕迹,用三角刮刀进行刮削修正,刮削应按照"从里向外刮大留小、刮重留轻"的原则进行,而且在刮削过程中应边刮边试,以防将销座孔刮得过大,刮削至能够用手掌的力量将活塞销推入1/2~2/3、接触面积达75%以上且均匀分布时停止刮销。

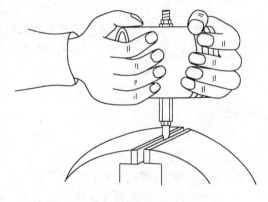

图5-16　活塞销座孔的铰削

### (二)活塞销的选配

在发动机大修时一般应选配标准尺寸的活塞销,汽车维护过程中出现活塞销响时,如果技术要求允许可对活塞销座孔及连杆衬套孔进行铰削,并更换相应修理尺寸的活塞销(通常设有四级修理尺寸),选配新活塞销时,同一台发动机上应选用同一厂牌、同一修理尺寸的成组活塞销,以保证各活塞销的质量差不大于10g,同时为了保证其配合性质,配件制造商按加工尺寸对活塞销进行了分组并涂以不同的颜色标记,在进行选配时,用手掌的力量能够将活塞销推入一侧销座孔的1/3时,表明铰削符合要求,如图5-17所示。

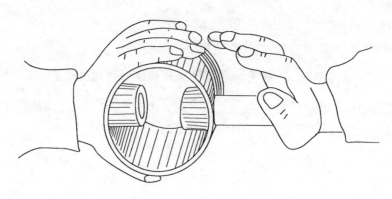

图 5-17　活塞销与座孔的试配

### (三)连杆衬套的修配

连杆衬套磨损过度或更换活塞及活塞销后,均应更换连杆衬套,并通过铰削或镗削恢复它与活塞销的配合性质。

**1. 更换连杆衬套**

(1)压出旧衬套:用阶梯冲头将旧衬套从连杆小头孔中压出。

(2)选取新衬套:用量具量出连杆小头孔的内径,然后根据连杆小头孔的内径选取新的连杆衬套,保证其过盈量为 0.10~0.20mm。

(3)压装新衬套:将新衬套压入连杆小头孔中,压入衬套时,整体式衬套应保证其油孔对正,对于左右两半式衬套,其内端不得压过油孔边缘以免堵住油孔,衬套压入后应将高出连杆小头孔部分锉平。

**2. 铰削连杆衬套**

连杆衬套的铰削方法与活塞销座孔的铰削方法基本相同,其具体操作工艺如下:

(1)选择铰刀:根据活塞销的实际尺寸选择相应的可调铰刀,并将其垂直夹持到台钳上。

(2)调整铰刀:将连杆小头套入铰刀上,然后拧动铰刀调整螺母进行调整,以刀刃刚刚露出衬套上端面 3~5mm。

(3)铰削:一手握持住连杆小头并略向下施加压力,另一只手托住连杆大头顺时针推动连杆转动进行铰削,铰削至衬套下端面与刀刃下方平齐时停止铰削,并向下压连杆,使之与铰刀脱离,以防铰出棱坎;然后再将连杆反面重铰一次,为防止连杆小头孔铰偏,铰削过程中应保证连杆杆身与铰刀保持垂直,如图 5-18 所示。

(4)试配:为防止衬套孔铰削过度,铰削过程中应及时用活塞销进行试配,当铰至能用手掌的力量将活塞销推入衬套孔的 1/3~1/2 时停止铰削,不合适时可调整铰刀进一步铰削(铰刀每次调整量以旋转调整螺母 60°~90°为宜)。

(5)修刮:铰削完毕后将活塞销压入或用木棰打入衬套孔中,用台钳夹紧活塞销的两端并往复扳转连杆数次,然后压出(或冲出)活塞销,视衬套压痕适当修刮(刮削要求与活塞销座孔相同),直至能用拇指将涂有机油的活塞销推入活塞销座孔为止,如图 5-19 所示。

**3. 镗削连杆衬套**

在有专用镗削设备的情况下,可用镗削的方法使活塞销与连杆衬套的配合达到要求,镗削加工精度及生产效率较高,但必须配备专用的镗削设备。

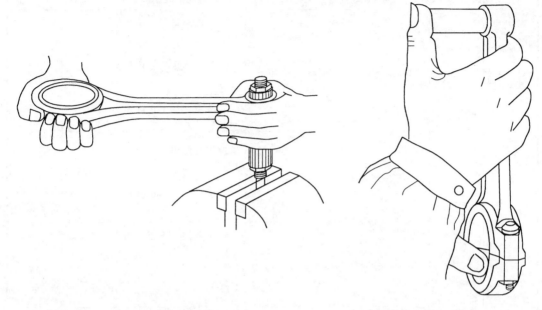

图5-18 铰削连杆衬套　　　　　　　图5-19 活塞销与连杆衬套的试配

### 七 考核要点与评分标准

活塞连杆组的检修考核要点与评分标准见表5-3。

活塞连杆组的检修考核要点和评分标准　　　　　　表5-3

| 序号 | 操作步骤 | 考核要点 | 分值 | 评分标准 | 考核记录 | 得分 |
|---|---|---|---|---|---|---|
| 1 | 拆装前准备 | 检查工具、准备工具 | 2 | 未做每项扣1分 | | |
| 2 | 安全检查 | 检查台架是否牢固 | 2 | 未检查扣2分 | | |
| 3 | 活塞的检修 | 1. 清理积炭 | 10 | 1. 未用煤油浸透扣3分<br>2. 未软刷或钝的刮刀清理扣2分<br>3. 清除部位不正确扣5分 | | |
| | | 2. 活塞裂纹检查 | 5 | 活塞裂纹部位每漏1项扣1分 | | |
| | | 3. 活塞直径、活塞与缸筒间隙的检测 | 10 | 1. 测量方向不正确扣5分<br>2. 量具使用不正确扣3分<br>3. 计算出错扣2分 | | |
| | | 4. 活塞的选配 | 10 | 说出活塞选配的4项原则,每少一项扣1分 | | |

续上表

| 序号 | 操作步骤 | 考核要点 | 分值 | 评分标准 | 考核记录 | 得分 |
|---|---|---|---|---|---|---|
| 4 | 活塞环的检验与更换 | 1.活塞环的"三隙"检验 | 10 | 1.端隙测量不正确扣4分<br>2.侧隙测量不正确扣4分<br>3.背隙测量不正确扣2分 | | |
| | | 2.活塞环弹力检验 | 2 | 1.工具使用不正确扣1分<br>2.测量数值不正确扣1分 | | |
| | | 3.活塞环漏光检验 | 3 | 1.工具使用不正确扣1分<br>2.测量数值不正确扣2分 | | |
| | | 4.活塞环的更换 | 12 | 1.不正确使用工具扣1分<br>2.气环装错扣2分<br>3.安装中断活塞环扣5分<br>4.一处未清洁扣2分<br>5.一处未润滑扣2分 | | |
| 5 | 活塞环的安装 |  | 10 | 方向安装错误每一道环扣1分 | | |
| 6 | 连杆的检修 | 1.连杆变形的检验 | 6 | 1.用三点规式检验仪检验连杆的弯、扭变形不正确扣2分<br>2.用百分表式检验仪检验弯、扭变形不正确扣2分<br>3.连杆双重弯曲的检验不正确扣2分 | | |
| | | 2.连杆的校正 | 4 | 1.连杆扭曲的校正不正确扣2分<br>2.连杆弯曲的校正不正确扣2分 | | |

续上表

| 序 号 | 操作步骤 | 考核要点 | 分 值 | 评分标准 | 考核记录 | 得 分 |
|---|---|---|---|---|---|---|
| 7 | 活塞销与活塞销座孔及连杆衬套的选配 | 活塞销座孔的铰削 | 4 | 1. 选择铰刀操作不正确扣1分 | | |
| | | | | 2. 铰削不正确扣1分 | | |
| | | | | 3. 刮削不正确扣1分 | | |
| | | 活塞销的选配 | 4 | 选择不正确扣4分 | | |
| | | 连杆衬套的修配 | 4 | 操作不正确扣4分 | | |
| 8 | 安全文明操作 | 1. 操作完毕,清洁和整理工量具 | 1 | 未做扣1分 | | |
| | | 2. 清洁工作场地 | 1 | 未清洁扣1分 | | |
| 9 | 分数合计 | | 100 | | | |

# 项目六　曲轴的检修

## 一　实训目标

（1）熟悉曲轴的基本结构与工作原理。
（2）掌握曲轴的磨损、弯曲、扭曲的检测方法。
（3）熟悉曲轴裂纹的检测方法。
（4）掌握曲轴轴承的选配方法。

## 二　实训内容

**1. 预习相关知识**

曲轴的功用是承受连杆传来的力并由此产生绕自身轴线旋转的力矩。该力矩通过飞轮输送给传动系统，驱动车轮转动使汽车行驶。曲轴还用来驱动发动机的配气机构和水泵、电动机、空气压缩机等附件。

曲轴由前端轴、主轴颈、连杆轴径、曲柄、平衡重和后端凸缘等组成。两个连杆轴径、一个曲轴颈及其两端的曲柄构成一个曲拐，如图 6-1 所示。

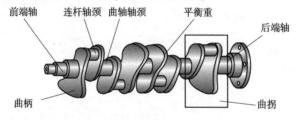

图 6-1　曲轴结构

曲轴在使用过程中承受燃料燃烧产生的气体压力、活塞连杆组往复运动的惯性力、曲轴自身旋转产生的离心力及各种力所产生的力矩的作用。各种力及力矩的周期性作用将引起曲轴的弯、扭变形及裂纹，甚至造成曲轴断裂。同时，曲轴的高速旋转还会引起曲轴主轴颈、连杆轴颈、油封轴颈及轴承的磨损。各种损伤的积累将导致曲轴的工作能力逐渐下降，甚至使曲轴失去工作能力。

**2. 实训任务与课时分配**

本实训项目分为两个实训任务：曲轴的检修和曲轴轴承的选配。各用 2 个课时完成。

## 三　实训器材

发动机曲轴、检测平台、与曲轴配套的 V 型铁、磁力百分表、外径千分尺、游标卡尺若干个(可视分组情况而定)、通用千分表支架、千分表、压力机、曲轴磨床等。

## 四 实训要求与注意事项

(1)曲轴清洗干净并吹干后用 V 型铁支于检测平台上进行检测;检测过程中要防止轴径等部位的撞击损伤。

(2)检测前准备好记录表,对每一次的检测做好记录。

(3)测量曲轴轴径尺寸及圆度、圆柱度误差时,应与油孔错开。

## 五 教学组织

### 1. 教学组织形式

分组教学。按照 4~5 个工位分组教学。每组 5~10 人。

### 2. 实训教师职责

通过 PPT 课件展示、教学视频播放和示范操作等教学手段,讲解实训任务的操作步骤和相关注意事项;并组织学生进行分组实训操作;巡视、检查、指导和纠正学生操作中的错误;课堂总结;组织学生做好 5S 管理。

### 3. 学生职责

认真观看 PPT 课件和教学视频;完成教师布置的任务;做好课后的清洁、整理等 5S 管理工作。

## 六 操作步骤

### 实训 14 曲轴的检修

#### 1. 曲轴裂纹的检验

曲轴不允许有任何性质的裂纹存在,因此在修理过程中应采用磁力探伤或浸油敲击法等。

对曲轴进行隐伤检验。曲轴磁力探伤所用的探伤仪有多种形式,探伤时在曲轴表面上刷好磁粉液后按所用探伤仪的使用说明书进行操作即可。采用浸油敲击法进行检验时可先将煤油(或柴油)刷涂到曲轴表面上或将曲轴置于煤油(或柴油)中浸泡一定时间,将曲轴表面擦干并撒上白粉,然后用小锤分段敲击,如有明显油迹出现则表明该处有裂纹。

#### 2. 曲轴弯曲变形的检验

生产中通常以曲轴两端公共轴线为基准,通过测量中间主轴颈的径向圆跳动误差来反映。曲轴的弯曲检测方法如图 6-2 和图 6-3 所示,其测量方法如下:

将曲轴两端主轴颈放在检验平板的 V 型铁上,将百分表触头垂直地抵在中间主轴颈上,百分表预压 1~2mm,并调零,然后慢慢转动曲轴一圈,百分表所指示的最大和最小读数之差,即为中间主轴颈的径向圆跳动。

曲轴中间主轴颈的径向圆跳动不得大于 0.15mm,否则应进行校正。当曲轴弯曲变形量较大时,校正必须分步、多次重复进行,直到符合要求为止。

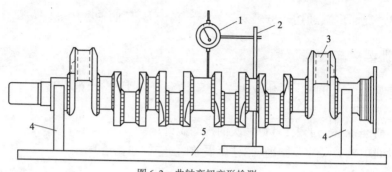

图 6-2 曲轴弯扭变形检测

1-百分表；2-表架；3-曲轴；4-V 型铁；5-检验平台

1) 敲击校正法

当变形量不大时可采用敲击校正法，如图 6-4 所示。

图 6-3 曲轴弯曲检测实测图

图 6-4 敲击校正法

用锤子敲击曲柄边缘的非工作表面，使被敲击表面产生塑性残余变形，达到校正弯曲的目的。

2) 冷压校正法

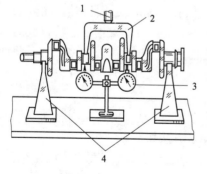

图 6-5 冷压校正法

1-压头；2-V 型压具；3-指示表(百分表)；4-V 型支架

当曲轴弯曲变形量较大时，采用冷压校正法，如图 6-5 所示。

冷压校正是将曲轴用 V 形铁架住两端主轴颈，用油压机沿曲轴弯曲相反方向加压，由于钢制曲轴的弹性作用，压弯量应为曲轴弯曲量的 10～15 倍，并保持 2～4min，为减小弹性失效作用，最好采用人工时效法消除。

**3. 曲轴扭曲变形的检测**

曲轴扭曲变形检验的方法和弯曲检验一样，将曲轴两端主轴颈分别放置在检验平板的 V 型块上，保持曲轴水平，使两端同一曲柄平面内的两个连杆轴径位于水平位置，用百分表测量两端轴径最高点至平板的高度差 $\Delta A$，据此求得曲轴主轴线的扭曲角 $\theta$。

$$\theta = \frac{360\Delta A}{2\pi R} = \frac{57\Delta A}{R}$$

曲轴扭曲变形量一般很小,若出现扭曲可直接在曲轴磨床上结合对连杆轴径磨削时予以修正。

**4. 曲轴磨损**

曲轴磨损主要发生在曲轴主轴颈与连杆轴径的部位,且磨损是不均匀的,曲轴磨损的检验如图 6-6 所示。

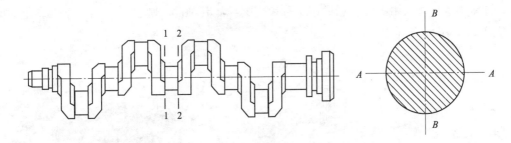

图 6-6　曲轴磨损检验

曲轴磨损主要用外径千分尺测量曲轴主轴颈的直径,以此来计算其圆度误差和圆柱度误差。一般根据圆柱度误差确定轴径是否需要修磨,同时也可确定修理尺寸。

如图 6-7 所示,测量曲轴主轴颈直径时,要注意避开油孔位置。并将各主轴颈直径记录到作业表 6-1 中。

图 6-7　曲轴主轴颈直径测量

**曲轴主轴颈磨损测量表**　　　　　　　　　　　表 6-1

| | 第一道主轴颈 | | 第二道主轴颈 | | 第三道主轴颈 | | 第四道主轴颈 | | 第五道主轴颈 | |
|---|---|---|---|---|---|---|---|---|---|---|
| | 截面1 | 截面2 | 截面1 | 截面2 | 截面1 | 截面2 | 截面1 | 截面2 | 截面1 | 截面2 |
| A—A | | | | | | | | | | |
| B—B | | | | | | | | | | |
| 圆度误差 | | | | | | | | | | |
| 圆柱度误差 | | | | | | | | | | |
| 结果判断及处理措施 | | | | | | | | | | |

在小修时，轴径某些较轻的表面损伤，可用油石、细锉刀或砂布加以修磨。对轴径磨损已超过规定值的曲轴，可用修理尺寸法对曲轴主轴颈进行光磨修理，其修理尺寸一般以每缩小0.25mm为一级。

**5. 曲轴轴向间隙的检测**

曲轴轴向间隙一般用百分表进行检测，如图6-8所示。

EA211发动机如果松开曲轴轴承盖的紧固螺栓会导致汽缸体轴承座变形，由于变形使轴承间隙变小，即使不更换新轴承，也会因为轴承间隙的变化而引起轴承损坏，所以不允许拆卸曲轴。但是可以用千分表和通用千分表支架检测其轴向间隙，如图6-9所示。其轴向间隙为：0.136～0.303mm。

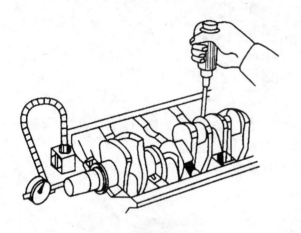

图6-8 曲轴轴向间隙检测

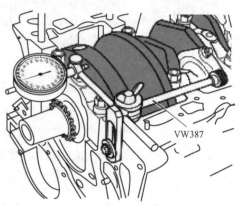

图6-9 EA211发动机曲轴轴向间隙检测

(1)清洁汽缸体下平面。
(2)检查千分表及千分表支架是否正常。
(3)将千分表和支架拧紧在汽缸体上合适的位置。
(4)将千分表置于曲轴曲柄对面。
(5)用手将千分表推向曲轴，并将千分表调至"0"。
(6)将曲轴反向推紧，并读取数值。

**6. 曲轴径向间隙的检测**

一般用塑料间隙规测量曲轴的径向间隙，如图6-10所示。

检测步骤：

①拆下曲轴。
②清洁主轴颈和主轴承盖。
③截取与主轴颈等宽的塑料间隙规。
④按照维修手册的要求，用预置式扭力扳手给主轴承盖紧固螺栓加上规定力矩。注意在此过程中不得转动曲轴。
⑤拆下主轴承盖，用标准对比卡，读取曲轴径向间隙，如图6-11所示。

如果曲轴径向间隙不符合要求，应重新选配轴承。

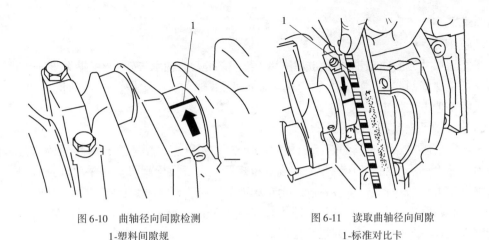

图 6-10 曲轴径向间隙检测  
1—塑料间隙规

图 6-11 读取曲轴径向间隙  
1—标准对比卡

## 实训 15 曲轴轴承的选配

**1. 轴承座孔的检查与修正**

在修配轴承前,应首先检查轴承座孔是否符合要求,轴承座孔的圆度、圆柱度误差≤0.015mm。检查和修正的方法是擦净轴承座,装上轴承盖,按规定扭矩拧紧固定螺栓,用量缸表检查座孔的圆度、圆柱度,超过规定值时可在轴承盖两端堆焊加工或加垫调整,不允许锉修轴承盖。

**2. 轴承的选配**

(1) 选用与曲轴轴径同一级修理尺寸的轴承:根据曲轴轴颈光磨后的修理尺寸,选用同一级修理尺寸的轴承。其方法是:轴颈标准尺寸 – 轴颈现有尺寸 = 选配轴承缩小尺寸。

(2) 背面光滑,且定位凸点完整。

(3) 弹性合适无哑声。

(4) 轴承的长度要符合要求:新选配的轴承装入座孔后,两端均应高出座孔平面 0.05mm,如图 6-12 所示,以保证轴承与座孔紧密贴合。检查轴承长度的经验做法是将轴承在座孔内装好,扣合轴承盖,在轴承盖与座结合的平面一边,插入厚度为 0.05mm 的铜皮,把另一边的螺栓按规定扭矩拧紧,当把夹有铜皮的螺栓拧紧到规定力矩时,铜皮抽不出说明轴承长度合适;若铜皮能抽出,说明轴承过长,应在无凸榫的一端将轴承适当锉短。如果有铜皮的一边螺栓未拧到扭矩数,铜皮就抽不出,说明轴承短,应重新选配。

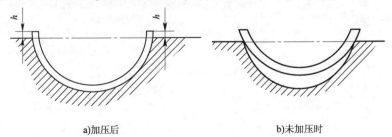

a) 加压后　　　　　　　　　　b) 未加压时  
图 6-12 轴承装入座孔的要求

**3. 轴承的修配方法**

经光磨后曲轴轴颈与轴承的配合,其径向间隙应符合规定,轴承表面的光洁度应达到一定的要求。

1) 选配法

按修理尺寸光磨曲轴轴颈后，选用同级经过精加工的轴承，按要求装复后检查松紧度，若偏紧可稍加修刮，若配合过紧，则应检查轴承座孔、轴承的尺寸是否符合要求，否则应另选轴承或用其他方法加工。

2) 连杆轴承松紧度及质量检验

接触印痕应呈点满布、轻重一致，接触面应在75%以上。松紧度多采用经验方法检查，在轴承表面涂一层机油，套在轴颈上按规定扭矩扭紧连杆螺栓螺母。用手甩动连杆，连杆能绕曲轴转动1~1.5圈为合适；沿曲轴同向扳动连杆，没有间隙感觉为松紧度合适。检查连杆大端与曲轴臂之间的轴向间隙，一般为0.17~0.35mm，超过0.50mm时，应在连杆大端侧面堆铜焊或焊一层轴承合金，并进行修配。

3) 曲轴主轴承松紧度及质量检验

将轴承涂上机油，将曲轴装好。轴承盖螺栓按规定扭矩拧紧。用双手腕力，能将曲轴扳动成圈转动为合适，曲轴与主轴承接触面积应在75%以上，接触痕迹应呈点满布，均匀一致。

### 七 考核要点及评分标准

曲轴的检修考核要点及评分标准见表6-2。

曲轴检修考核要点及评分标准    表6-2

| 序号 | 操作步骤 | 考核要点 | 分值 | 评分标准 | 考核记录 | 得分 |
|---|---|---|---|---|---|---|
| 1 | 检修前准备 | 检查工具、准备工具 | 5 | 未做每项扣2分 | | |
| 2 | 安全检查 | 检查台架是否牢固 | 5 | 未检查扣2分 | | |
| 3 | 曲轴检修 | 裂纹检查 | 10 | 工具使用不规范扣3分，操作不规范扣3分 | | |
| | | 弯曲变形检查 | 10 | 工具使用不规范扣3分，操作不规范扣3分，量具使用不规范扣3分，数据不准确扣4分 | | |
| | | 扭曲变形检查 | 10 | 工具使用不规范扣3分，操作不规范扣3分，量具使用不规范扣3分，数据不准确扣4分 | | |
| | | 轴向间隙检测 | 10 | 工具使用不规范扣3分，操作不规范扣3分，量具使用不规范扣3分，数据不准确扣4分 | | |
| | | 径向间隙检测 | 10 | 工具使用不规范扣3分，操作不规范扣3分，量具使用不规范扣3分，数据不准确扣4分 | | |

续上表

| 序 号 | 操作步骤 | 考核要点 | 分 值 | 评分标准 | 考核记录 | 得分 |
|---|---|---|---|---|---|---|
| 4 | 曲轴轴承选配 | 轴承座孔检查 | 10 | 工具使用不规范扣3分,操作不规范扣3分,量具使用不规范扣3分,数据不准确扣4分 | | |
| | | 轴承长度 | 10 | 工具使用不规范扣3分,操作不规范扣3分,量具使用不规范扣3分,数据不准确扣4分 | | |
| | | 连杆轴承松紧度 | 5 | 工具使用不规范扣3分,操作不规范扣3分,量具使用不规范扣3分,数据不准确扣4分 | | |
| | | 曲轴轴承松紧度 | 5 | 工具使用不规范扣3分,操作不规范扣3分,量具使用不规范扣3分,数据不准确扣4分 | | |
| 5 | 安全文明操作 | 1. 操作完毕,清洁和整理工量具 | 6 | 未做每项扣2分 | | |
| | | 2. 清洁工作场地 | 4 | 未清洁扣2分 | | |
| 6 | 分数合计 | | 100 | | | |

# 项目七 气门组的检修

## 一 实训目标

配气机构修理实训的主要目的是为了使学生掌握气门及凸轮轴损伤的检验方法,掌握气门光磨、气门座镶换、气门座铰削及磨削、气门研磨、气门导管镶换等作业的实际操作方法,掌握凸轮轴轴承的选配方法,并了解凸轮轴的修理方法。

## 二 实训内容

配气机构修理实训主要包括气门的检修、气门导管的镶换、气门座的修配、凸轮轴的检修、凸轮轴轴承的选配等内容。

## 三 实训器材

配气机构修理实训常用的工具、仪器及设备主要有以下几种:
(1)手锤、撬棒、阶梯铜冲头;
(2)百分表、外径千分尺、内径量表、游标卡尺、深度游标卡尺;
(3)平台、V型铁、拉器、气门捻子;
(4)气门导管专用铰刀、气门座铰刀、研磨砂;
(5)气门光磨机、气门座光磨机、磁力探伤仪;
(6)棉纱、砂布、机油、汽油、红丹油、液氮或干冰、铅笔等。

## 四 实训要求

车辆使用过程中配气机构各零件的磨损、疲劳及变形将会造成气门关闭不严,配气机构异响及配气相位失准等故障,使发动机的充气系数降低,动力性及经济性下降,为了使发动机能够良好的工作,必须对配气机构各机件进行及时维修。

## 五 教学组织

**1. 教学组织形式**
分组教学。按照4~5个工位分组教学。每组5~10人。

**2. 实训教师职责**
通过PPT课件展示、教学视频播放和示范操作等教学手段,讲解实训任务的操作步骤和相关注意事项;并组织学生进行分组实训操作;巡视、检查、指导和纠正学生操作中的错误;

课堂总结;组织学生做好 5S 管理。

**3. 学生职责**

认真观看 PPT 课件和教学视频;完成教师布置的任务;做好课后的清洁、整理等 5S 管理工作。

## 六 操作步骤

### 实训 16　气门与气门座圈的检修

**(一)气门的检修**

气门在使用过程中的主要损伤是气门杆的弯曲、磨损和气门工作锥面的磨损、烧蚀及气门头部的翘曲变形。

**1. 气门杆磨损的检修**

用外径千分尺测量气门杆的直径(在气门杆上进行多点测量并取其最小值作为被测直径),如图 7-1 所示。中型载货汽车气门杆的直径减小量应不大于 0.10mm,轿车气门杆的直径减小量应不大于 0.05mm,否则应换用新气门。气门杆端头出现不平时,可用砂轮对其进行磨削。

**2. 气门杆弯曲的检修**

将气门置于两块 V 型铁上,并用支撑钉顶住气门两端面,将百分表 B 的测量触头垂直抵压在气门杆的中部(图 7-2),然后转动气门杆一圈,百分表 B 所指示的最大值与最小值之差(径向圆跳动)应不大于 0.10mm,否则应采用压力校正的方法进行校直。

**3. 气门头部翘曲变形的检修**

按图 7-2 所示支撑好气门,并将百分表 A 的测量触头垂直抵压在气门的工作锥面上,然后转动气门杆一圈,百分表 A 所指示的最大值与最小值之差应不大于 0.05mm,否则应对气门工作锥面进行修磨。

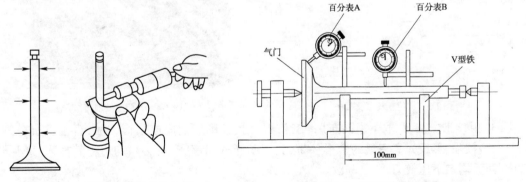

图 7-1　气门杆磨损的检修　　　　图 7-2　气门杆弯曲的检验

**4. 气门工作锥面的检修**

直观检视法检查气门工作锥面的损伤程度,气门的工作锥面不得有明显的点蚀、烧蚀现象及明显的磨损凹痕,否则应在气门光磨机上进行磨削修复,其光磨方法如下:

(1)按气门杆的直径选择合适的夹具并将气门装夹到光磨机上。

(2) 按气门工作锥面的规定锥角调整好夹具角度。

(3) 开动夹具电动机检查气门是否摇摆。

(4) 开动砂轮电动机并操纵纵向进给手柄,使砂轮缓慢靠到气门工作锥面上。

(5) 转动横向手柄,使气门工作锥面在砂轮上缓慢左右移动,对气门工作锥面进行磨削,磨至形成光滑的工作锥面后进行3~5次空走刀,直至砂轮与气门工作锥面间不再产生火花为止。

(6) 用"00"号砂布磨光气门工作锥面,光磨后气门头部圆柱面的厚度应不小于1mm,否则应更换新气门。

### (二) 气门座的检修

气门座的工作锥面出现点蚀现象时,可用铰削或磨削的方法进行修复,气门座出现裂纹、松动或磨损造成气门下沉量大于2mm时(气门下沉量可用深度游标卡尺测量),应重新进行镶配。

**1. 气门座的铰削**

为保证气门座工作锥面与气门导管的同轴度,气门座的铰削是以气门导管进行导向的,因此,气门座的铰削必须在气门导管修配之后进行,生产中常用的手工铰削操作工艺如下:

(1) 选择铰刀及刀杆:根据被铰削发动机的型号选择合适尺寸的铰刀,并根据气门导管内孔直径的大小选择合适的刀杆(所选刀杆应能顺利插入导管中且无旷量),铰刀及刀杆的结构如图7-3所示。

(2) 砂磨硬化层:将与气门座工作锥面角度(一般为5°)相同的铰刀及铰刀把装于刀杆上,将粗砂布套于刀杆上(磨削面朝向气门座),并在刀杆上涂以机油,然后并推动其顺时针旋转,利用垫在铰刀下方的砂布磨去气门座工作锥面表面的硬化层,如图7-4所示。

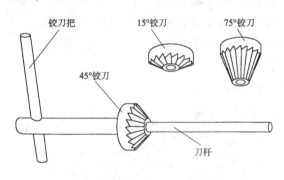
图7-3 气门座铰刀及刀杆

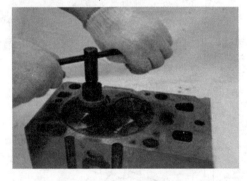
图7-4 气门座铰削操作方法

(3) 粗铰工作锥面:取下粗砂布用45°铰刀直接铰削气门座的工作锥面,直至将所有斑点及凹陷铰除,形成光亮完整的锥形环带,为了防止气门座铰偏,必须均匀将其插入气门导管中,两手均匀下压铰刀。

(4) 调整工作锥面的宽度及位置:在气门的工作锥面上均匀涂抹一层红丹油,并将其装入气门导管中,用手指将其压靠到气门座的工作锥面上并推动其转动,然后提起气门。检查接触环带的宽度及位置,接触面应位于气门工作锥面的中下部,环带宽度应符合表7-1的要求,否则应用15°或75°铰刀进行调整,如图7-5所示。用15°铰刀铰削气门座下口时,接触环带的宽度减小且位置上移;用75°铰刀铰削气门座上口时,接触环带的宽度减小且位置下移。

**气门座工作锥面宽度**  表7-1

| 发动机型号 | 进气门密封环带宽度(mm) | 排气门密封环带宽度(mm) |
| --- | --- | --- |
| EQ6100 | 1.5~1.75 | 1.5~1.75 |
| CA6102 | 1.5~2.0 | 1.5~2.0 |
| 桑塔纳JV发动机 | 2.0 | 2.4 |

(5)精铰工作锥面:气门座工作锥面的宽度符合要求后用45°精铰刀进行精铰,或在铰刀下垫细砂布进行光磨,以提高其表面质量。

**2.气门座的磨削**

气门座的磨削是利用气门座光磨机对气门座进行磨削,与铰削气门座相比,具有速度快、效率高、质量好等特点。特别是修复硬度较高的气门座时其效果更为理想,生产中常用的光磨机的结构形式如图7-6所示,其操作工艺如下:

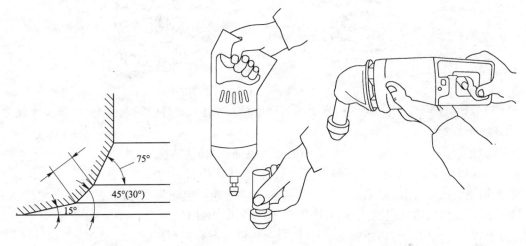

图7-5 气门座密封角度图　　　　图7-6 气门座光磨机图

(1)选择砂轮:根据气门座工作面的锥度和尺寸选择砂轮,所选砂轮的锥角应与被修磨锥面的角度相同,砂轮的直径比气门头部直径大3~5mm。

(2)修磨砂轮:以保证砂轮锥面平整且与轴孔同轴。

(3)安装光磨机:将定心导杆插入气门导管中并可靠固定(磨削时导杆应不转动),然后将装有砂轮的磨头安装在导杆上端。

(4)将光磨机六角插头插入磨头上的六方孔中,开动电动机进行磨削,磨削过程中光磨机应保持正直并轻轻施加压力,而且要边磨边检查,以防磨削过量,停止磨削时应先关闭电动机,待砂轮停转后再将其取出。

**3.气门与气门座的研磨**

气门与气门座配对研磨可进一步提高其表面质量,确保其密封性,其研磨方法可分为手工研磨和机动研磨两种。

1)手工研磨

对气门和气门座进行手工研磨时其操作工艺如下:

(1)用汽油将气门、气门座及气门导管清洗干净。

(2) 在气门工作锥面上涂抹一层薄薄的粗研磨砂(涂抹研磨砂不宜过多以免掉入气门导管中造成气门杆及导管内孔的磨损),并在气门杆上涂以稀机油。

(3) 将气门插入气门导管中,并将气门捻子吸于气门的头部。

(4) 用手操纵气门捻子,使其带动气门进行转动和上下往复运动,如图 7-7 所示。以不断变换气门与气门座的接触位置,实现气门与气门座工作锥面的配对研磨,直至在气门及气门座工作锥面上磨出一条无麻点和斑痕的完整环带。为了避免气门及气门座工作锥面上形成环形磨痕,研磨时每次转动气门的角度不宜过大,一般以 10°~30° 为宜,而且在研磨过程中要避免用力过大,更不要提起气门用力敲打气门座以免形成砂痕。

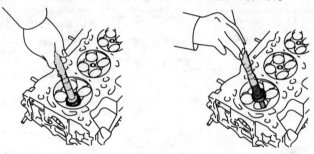

图 7-7　气门与气门座工作锥面的配对研磨

(5) 取出气门洗去气门与气门座上的粗研磨砂,换上细研磨砂继续研磨,直至工作锥面上出现一条整齐的灰色环带。

(6) 洗去细研磨砂,在气门工作锥面上涂上机油继续研磨数分钟。

(7) 研磨结束后,应对气门的密封性进行检验,生产中常用的检验方法如下:

① 铅笔画线法:用软铅笔在气门工作锥面上均匀地画上相隔约 4mm 的若干条素线,如图 7-8 所示。然后将气门插入气门座内,轻轻施加压力并转动气门 45°~90°,取出气门观察,若所画铅笔线被均匀切断表明密封性良好,否则应重新进行研磨。

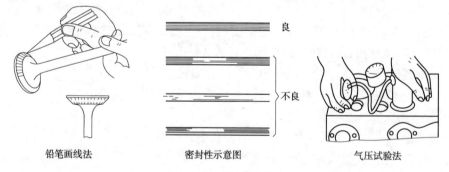

图 7-8　气门的密封性检验

② 渗油法:将气门放入相配合的气门座中,将汽油或煤油浇于气门顶面上观察有无渗漏现象,5min 内应无明显渗漏,否则应重新研磨气门,除此之外还可以用气压试验法、拍打法等对气门的密封性进行检验。

2) 机动研磨

机动研磨的原理与手工研磨相同,所不同的是机动研磨过程中气门的旋转与上下移动由气门研磨机来带动完成,即机动研磨是在气门研磨机上进行的其效率较高并减轻了工人的劳动强度,故应用越来越广泛。

**4. 气门座的镶换**

气门座如图 7-9 所示,在其出现裂纹、松动、磨损或多次铰削造成气门下沉量大于 2mm 时,可按如下步骤进行镶换:

(1)拆除旧气门座:用拉器或撬棒将旧气门座取下(原来未镶过气门座时,可在汽缸盖上镗出气门座承孔)。

(2)检修气门座承孔:用内径量表进行测量,气门座承孔的圆度误差应不大于 0.02mm,圆柱度误差应不大于 0.05mm,否则应按修理尺寸对承孔进行修复(每级加大 0.50mm)。

(3)选配新气门座:按照汽缸盖上的承孔尺寸选择新的气门座,新气门座的材料应与基体相近,而且其过盈量应符合要求。

(4)安装新气门座:将气门座放入液氮或干冰中冷却,或将汽缸盖放入机油中加热至 130℃以后,将气门座装入承孔中,温度达到正常后,将气门座高出部分修平,如图 7-10 所示。

图 7-9 气门座实物

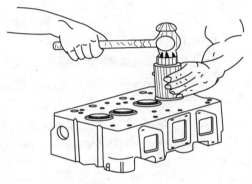

图 7-10 气门座的镶换

## 实训 17　气门导管的检修

在发动机工作过程中,气门杆在气门导管中的不断运动将引起气门导管(如图 7-11 所示)的磨损,使气门杆与气门导管的配合间隙增大,气门导管的导向作用变差,造成气门关闭不严,影响发动机的正常工作。

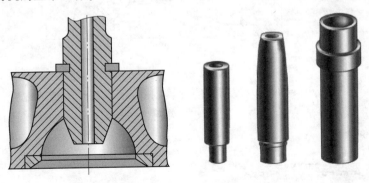

图 7-11 气门导管实物图

EA211发动机气门与气门导管间隙检测：将气门插入导管中，气门杆末端必须紧贴导管，由于气门杆直径不同，进气门必须插入进气门导管中；排气门必须插入排气门导管中，确定旷摆间隙，磨损极限为0.05mm，如图7-12所示。

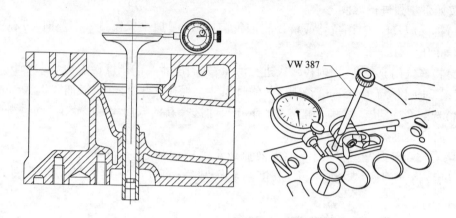

图7-12 气门杆与气门导管配合间隙的检验

其更换工艺步骤如下：

（1）拆除旧导管：用阶梯铜冲头冲出或压出旧的气门导管。

（2）选配新导管：用外径千分尺测量旧导管的外径并选取比旧导管外径大0.01~0.02mm的新导管。

（3）安装新导管：在新导管的外圆面上涂一层机油，用阶梯铜冲头将新导管压入或冲入汽缸盖上的导管承孔中，镶配新导管时导管的压入深度应符合要求，如图7-13所示。

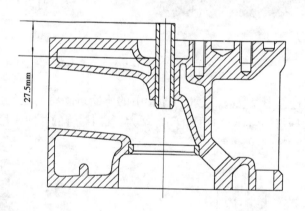

图7-13 镶配新导管时导管的压入深度

（4）铰削导管内孔：用专用铰刀铰削气门导管内孔，使其与气门杆的配合符合要求，铰削后将涂有机油的气门杆放入导管内上下拉动数次，然后提起气门，松手后气门在自身重力的作用下应能徐徐下降。

## 七 考核要点与评分标准

气门与气门座的检修考核要点与评分标准见表7-2。

### 气门与气门座的检修考核要点和评分标准

表 7-2

| 序 号 | 操作步骤 | 考核要点 | 分 值 | 评分标准 | 考核记录 | 得 分 |
|---|---|---|---|---|---|---|
| 1 | 检修前准备 | 检查工具、准备工具 | 2 | 未做每项扣1分 | | |
| 2 | 安全检查 | 检查台架是否牢固 | 2 | 未检查扣2分 | | |
| 3 | 气门的检修 | 1.测量工具的选用 | 6 | 1.未进行清洁扣1分<br>2.未进行校表扣2分<br>3.工具损坏扣2分 | | |
| | | 2.气门杆磨损的检修 | 10 | 1.测量位置不正确扣5分<br>2.读数不正确扣5分 | | |
| | | 3.气门杆弯曲的检修 | 10 | 1.气门安装不正确扣4分<br>2.百分表使用不正确扣3分<br>3.计算出错扣3分 | | |
| | | 4.气门头部翘曲变形的检修 | 10 | 1.气门安装不正确扣4分<br>2.百分表使用不正确扣3分<br>3.计算出错扣3分 | | |
| | | 5.气门工作锥面的检修 | 10 | 1.气门安装不正确扣4分<br>2.百分表使用不正确扣3分<br>3.计算出错扣3分 | | |
| 4 | 气门座的检修 | 1.气门座的铰削 | 8 | 1.铰刀选择不正确扣3分<br>2.铰刀使用次序不正确扣3分<br>3.调整工作锥面不正确扣2分 | | |
| | | 2.气门座的磨削 | 10 | 1.选择砂轮不正确扣5分<br>2.光磨机使用不正确扣5分 | | |
| | | 3.气门与气门座的研磨 | 10 | 1.未进行清理扣2分<br>2.粗、细研磨砂使用不正确扣2分<br>3.研磨顺序不正确扣2分<br>4.密封性检查不正确扣4分 | | |

续上表

| 序号 | 操作步骤 | 考核要点 | 分值 | 评分标准 | 考核记录 | 得分 |
|---|---|---|---|---|---|---|
| 4 | 气门座的检修 | 4.气门座的镶换 | 10 | 1.不正确使用工具扣1分<br>2.拆除旧气门座错误扣2分<br>3.测量气门座承孔错误扣3分<br>4.圆度、圆柱度计算错误扣2分<br>5.安装新气门座错误扣2分 | | |
| 5 | 气门导管的检修 | 气门导管的装配 | 10 | 1.安装测量工具错误扣3分<br>2.拆除旧导管错误扣3分<br>3.选配新导管错误扣1分<br>4.安装新导管错误扣2分<br>5.铰削导管内孔错误扣1分 | | |
| 6 | 安全文明操作 | 1.操作完毕,清洁和整理工量具 | 1 | 未做扣1分 | | |
| | | 2.清洁工作场地 | 1 | 未清洁扣1分 | | |
| 7 | 分数合计 | | 100 | | | |

# 项目八　气门传动组的检修

## 一　实训目标

气门传动组检修的主要目的,是为了使学生掌握气门、凸轮轴损伤的检验方法,掌握正时齿轮与正时传动带及气门间隙检查与调整等作业的实际操作方法,掌握凸轮轴轴承的选配方法并了解凸轮轴的修理方法。

## 二　实训内容

气门传动组的检修实训主要包括凸轮轴裂纹的检修、凸轮轴弯曲变形的检修、凸轮轴轴颈磨损的检修、凸轮的检修、偏心轮及驱动齿轮的检修、凸轮轴轴承的选配、正时齿轮与正时带的检修、气门间隙的检查与调整等内容。

## 三　实训器材

气门传动组检修常用的工具、仪器及设备主要有以下几种:
(1)手锤、撬棒、阶梯铜冲头。
(2)百分表、外径千分尺、内径量表、游标卡尺、深度游标卡尺。
(3)平台、V型铁、拉器、平口螺丝刀。
(4)薄厚规、磁力探伤仪、弹簧秤。
(5)棉纱、砂布、机油、汽油、铅笔等。

## 四　实训要求

车辆使用过程中气门传动组各零件的磨损、疲劳及变形将会造成气门关闭不严,配气机构异响及配气相位失准等故障,使发动机的充气系数降低,动力性及经济性下降,为了使发动机能够良好的工作,必须对气门传动组各机件进行及时维修。

## 五　教学组织

**1.教学组织形式**
分组教学。按照4~5个工位分组教学。每组5~10人。
**2.实训教师职责**
通过PPT课件展示、教学视频播放和示范操作等教学手段,讲解实训任务的操作步骤和相关注意事项;并组织学生进行分组实训操作;巡视、检查、指导和纠正学生操作中的错误;

课堂总结;组织学生做好5S管理。

**3. 学生职责**

认真观看PPT课件和教学视频;完成教师布置的任务;做好课后的清洁、整理等5S管理工作。

## 六 操作步骤

### 实训18　凸轮轴检修

凸轮轴如图8-1所示,其主要损伤形式是凸轮表面产生点蚀及磨损、支撑轴颈磨损、凸轮轴产生弯曲及裂纹、偏心轮及驱动齿轮磨损等。

**(一)凸轮轴裂纹的检修**

凸轮轴的裂纹可用磁力探伤法进行检验,出现裂纹时应更换新件。

**(二)凸轮轴弯曲变形的检修**

凸轮轴的弯曲变形可用百分表进行检验,如图8-2所示。以两端轴颈为支点用V型铁将凸轮轴支撑在平台上,将百分表的测量触头抵靠在凸轮轴的中间轴颈上(凸轮轴支撑轴颈为偶数时,对中间两道轴颈进行测量),缓慢转动凸轮轴一周,百分表所指示的最大值与最小值之差(即径向圆跳动),应不大于0.10mm,否则应对其进行压力校正,校正后的径向圆跳动应不大于0.03mm。

图8-1　凸轮轴实物图

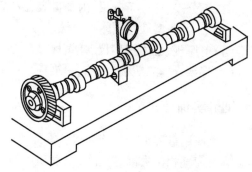

图8-2　凸轮轴弯曲变形的检修

**(三)凸轮轴轴颈磨损的检修**

凸轮轴轴颈的磨损程度通常是用外径千分尺进行测量,如图8-3所示。测量方法与曲轴主轴颈及连杆轴颈的测量方法相同,当其圆度及圆柱度误差超过规定值时(EQ6100发动机应不大于0.015mm,CA6102发动机应不大于0.03mm),应按修理尺寸修磨轴颈(级差为0.10mm),并更换相应尺寸的轴承与之配合,以恢复配合性质。

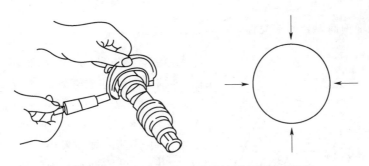

图8-3 用外径千分尺分别测量各道轴颈的圆度和圆柱度

### (四)凸轮的检修

直观检视法检查凸轮表面应无明显的点蚀现象,用外径千分尺或游标卡尺测量时,凸轮升程(凸尖高度与基圆直径之差)的减小量应不大于0.40mm,如图8-4所示。否则应利用凸轮轴磨床进行磨削修复或换用新件。

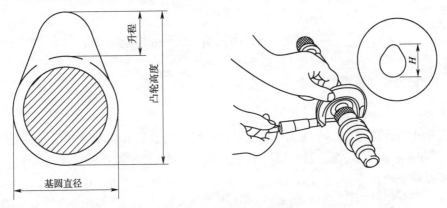

图8-4 凸轮升程的测量

### (五)偏心轮及驱动齿轮的检修

用游标卡尺或外径千分尺进行测量,凸轮轴上驱动汽油泵的偏心轮的直径减小量应不大于0.50mm,驱动机油泵及分电器工作的驱动齿轮不得出现明显的磨损台阶,否则应更换凸轮。

### (六)凸轮轴轴承的选配

凸轮轴轴承与轴颈的配合间隙超过使用极限(载货汽车为0.20mm,轿车为0.15mm)或在修理过程中对凸轮轴轴颈按修理尺寸进行修磨后,均应更换新轴承,选配新轴承时,应保证轴承与承孔的过盈量符合要求(一般为0.05~0.13mm);并通过镗削、铰削、刮削或拉削等方法使其与轴颈的配合达到要求,如果采用铰削或刮削修配轴承内孔,选配轴承时应使其内孔能够勉强套装到轴颈上,以保证其合适的加工余量(桑塔纳轿车的汽油泵、机油泵、分电器由中间轴驱动,凸轮轴上没有偏心轴及驱动齿轮)。EA211发动机采用整体式缸盖罩壳结构,将凸轮轴和缸盖罩壳集成为一体,因此凸轮轴不能从缸盖罩壳中拆卸出来。

### (七)凸轮轴轴向配合间隙检查

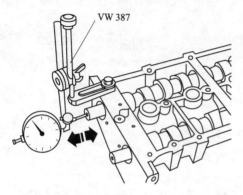

图 8-5 EA211 发动机凸轮轴轴向间隙检查

大多数车用发动机的凸轮轴,都采用止推凸缘定位,其轴向间隙的检查方法是:先将止推凸缘和正时齿轮或链轮安装在凸轮轴上,用标准力矩值拧紧固定螺栓、螺母。然后将止推凸缘尽量推向齿轮或链轮一侧,用薄厚规插入止推凸缘和凸轮轴颈的侧面,测得的间隙值即为轴向间隙值。一般发动机凸轮轴轴向间隙值为 0.05~0.20mm,最大应不超过 0.25mm。EA211 发动机凸轮轴轴向间隙检测如图 8-5 所示。将千分表和通用千分表支架固定在凸轮轴箱上,用手将凸轮轴推向千分表,千分表调至"0",将凸轮轴反向推紧,读取数值。轴向间隙标准值为:0.066~0.233mm,磨损极限为 0.25mm。

## 实训 19　正时齿轮与正时带的检修

### (一)正时链轮和链条的检修

**1. 正时链轮的检修**

测量最小的链轮直径。将链条分别包住凸轮轴正时链轮和曲轴正时齿轮,用游标卡尺测量直径,如图 8-6 所示,其直径不得小于允许值。否则应更换链条和链轮。

**2. 正时链条的检修**

测量链条长度时,对链条施以一定的拉力拉紧后测量其长度,如图 8-7 所示。测量值如果超过标准值时,应更换新链条。

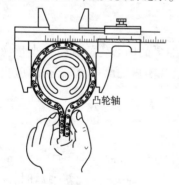

图 8-6　测量最小的链轮直径

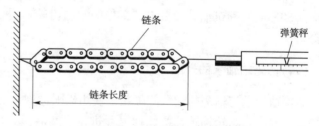

图 8-7　正时链条的检修

### (二)正时皮带(链条)的安装

**1. 安装**

正时带轮、正时链条上都有标记(通常以"O"做标记)。装配时都要将这些标记和汽缸体上正时标记对齐，以保证配气相位的正确性，如图8-8所示。

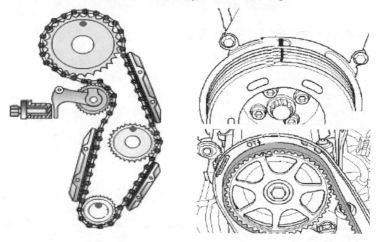

图8-8　正时齿形带（链条）的安装

## 2. 检查

检查确认齿形带不开裂，齿数、齿形不残缺，如图8-9所示。否则更换正时齿形带。

 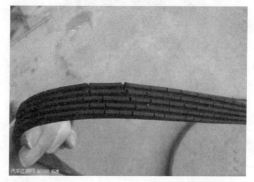

图8-9　正时齿形带损伤检查

## 3. 正时齿形带张紧度的检查

如图8-10所示，检查正时齿形带的张紧度，用手指在正时齿轮和中间齿轮之间捏住正时齿形带，以刚好能翻转90°为合适，调整张紧轮固定螺母并拧紧。将曲轴转2/3圈后，复查确认。

图8-10　正时齿形带的张紧度检查

## 实训20　气门间隙的检查与调整

发动机气门间隙的检查与调整是一项重要的作业内容。发动机工作过程中,由于配气机构零件的磨损或松动,或是气门在工作时因温度升高而膨胀都会导致原有气门间隙的变化。除了采用液力挺柱式(其液力挺柱的长度能通过油压进行自动调整,可随时补偿气门的热膨胀量)气门机构的发动机(如桑塔纳、捷达、奥迪100、北京切诺基213等轿车),不需要调整气门间隙以外,其他发动机一般行驶10 000km左右进行二级维护时,应检查和调整气门间隙,使之符合技术要求。

### (一) 气门间隙

气门间隙通常是发动机处于冷态时,在气门脚及其传动机构中留有适当的间隙,以补偿气门受热后的膨胀量,这一预留间隙称为气门间隙,如图8-11所示。一般排气门的气门间隙要略大于进气门的气门间隙。

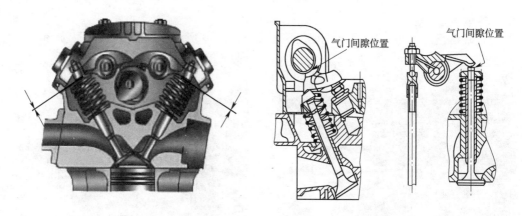

图8-11　气门间隙

气门间隙的大小对发动机各方面的性能影响极大:间隙过小,发动机在热态下由于气门杆膨胀可能会造成气门漏气,导致发动机功率下降,甚至烧坏气门;间隙过大,传动零件之间以及气门与气门座之间容易产生冲撞,同时使气门开启的持续时间减少,进气和排气不充分,也会直接影响发动机的正常工作。因此,为了保证发动机的正常工作,必须调整好气门间隙。

### (二) 气门间隙调整的注意事项

气门间隙必须在该气门处于完全关闭的状态下才能进行调整。这点非常关键,否则气门间隙调整是不准确的。不同的汽车生产厂家对气门间隙的调整一般都有具体的规定和不同的技术要求,如是否在冷态或热态下调整、调整的间隙值应多大等。大多数汽车是在冷态(即冷车)调整的:如日野KM400、ZM440,别拉斯540A、138等发动机。但也有部分汽车要求在热态(即热车,发动机冷却液温度达正常工作温度后)调整:如东风EQ1090,克拉斯221、222,丰田卡罗拉RT81等发动机。还有部分汽车在冷态、热态时均可进行调整,但要求调整的气门间隙值有所不同,例如解放CA1091汽油机,黄河JN1140发动机等。

### (三)气门间隙调整的方法

调整时,先松开锁紧螺母和调整螺钉,将与气门间隙规定值相同厚度的薄厚规插入所调气门脚与摇臂之间的间隙中,通过旋转调整螺钉,并来回拉动薄厚规,当感觉薄厚规有轻微阻力时即可,拧紧锁紧螺母后还要复查,如间隙有变化均需重新进行调整(图8-12)。通常,气门间隙调整的方法主要有逐缸调整法和两次调整法。

图8-12 气门间隙调整方法

### (四)逐缸调整法

逐缸调整法只要求将所需调整的各缸摇转到该缸压缩行程上止点(此时进、排气门完全处于关闭状态)即可对该缸气门间隙进行调整。这种方法要求找到各缸压缩行程上止点,并记住各种车型发动机的做功次序(汽油机是点火次序,而柴油机为喷油次序)。

例如点火次序为 1—2—4—3 的汽油机:具体调整时,先将曲轴摇转到第一缸活塞处于压缩行程上止点位置,使正时齿形带轮与正时齿形带轮罩或发动机壳上的记号对正,此时可调整第一缸的进、排气门;然后可通过观察各缸气门的升程或利用分度盘将飞轮每旋转120°,分别使各缸活塞处于压缩行程上止点位置,便可将所有气门间隙调整完毕。

有时还可使用经验法找出各缸的压缩行程上止点,从而进行气门间隙调整。例如直列式六缸汽油发动机,它的点火顺序通常为1—5—3—6—2—4 或 1—4—2—6—3—5。因此可将发动机分为 1、2、3缸和4、5、6缸两部分。当其中的一个汽缸处于压缩行程上止点时,该部分里的另外两个汽缸必有一汽缸处于进气行程(进气门开度最大、升程最高),而另一汽缸处于排气行程。

在摇转曲轴过程中只要发现每部分中有一汽缸的进气门和另一汽缸的排气门同时升至最高点时,则剩下的那个汽缸必定处于压缩行程上止点位置附近,此时该缸进、排气门均可调整。

例如东风 EQ1090 发动机其点火次序为 1—5—3—6—2—4,若要对第 2 缸的气门进行调整,此时可转动曲轴,当第 1 缸的进气门和第 3 缸的排气门同时打开到最大时,则表明第 2 缸处于压缩行程上止点位置附近,则可调整该缸的气门间隙。

**(五)两次调整法**

两次调整法就是把发动机上所有气门分两次调整完毕,此法操作简单,工作效率高。汽缸数目再多也只需调整两次就可以全部调完。

(1)以点火顺序为 1—3—4—2 的四缸发动机为例,当第 1 缸位于压缩行程上止点时,则有:1 缸"进、排均关"(压缩行程上止点),3 缸"排关,进开"(进气下止点),4 缸"进、排均开"(排气上止点),2 缸"排开,进关"(做功上止点),当第 4 缸位于压缩行程上止点时,可依此类推得出各缸的工作情况从而进行调整。

(2)再以点火次序为 1—5—3—6—2—4 的六缸发动机进行分析。当第 1 缸位于压缩行程上止点时,进、排气门均关闭。第 5 缸则处于压缩过程中,活塞上行处于加速过程中,由于存在气门滞后角 $\beta$,所以不能确定进气门是否完全关闭,而排气门在前一个行程中就已经关闭了。第 3 缸此时处于进气行程中活塞的减速段,由于排气门在活塞的加速段内就已经关闭,可确定此缸排气门打开。第 6 缸此时处于排气上止点,因为存在气门重叠角 $\alpha$、$\delta$,所以进、排气门均开。第 2 缸则为排气行程中,活塞处于加速段,因为进气门是关闭的,而排气门则因处于排气行程中处于打开状态。第 4 缸此时正处于做功行程,活塞位于减速段,此时因有排气提前角 $\gamma$,所以排气门是否关闭不能确定,而进气门可以确定是关闭的。此时可归纳为:1 缸"进、排均关",5 缸"排关,进不定",3 缸"排关,进开",6 缸"进、排均开",2 缸"进关,排开",4 缸"进关,排不定"。

同样,当曲轴旋转一周使第 6 缸位于压缩上止点时,用上述相同的方法对各缸工作情况进行具体分析后,就可对其余气门间隙进行调整了。

通过以上分析可知此法易于理解,对于理论分析很有必要。但分析过于复杂化,尤其对多缸发动机或 V 型发动机更显得复杂,因此在实践中的具体应用不多。

**(六)"双(全)排不进"法**

"双(全)排不进"法是根据发动机汽缸的工作状况,把气门的调整分成四种情况。即:"双(全)"表示某缸进、排气门均可调整;"排"表示某缸只可调整排气门;"不"表示某缸进、排气门均不可调整;"进"表示某缸只可调整进气门。此种方法只能在各缸做功间隔不小于 90°的发动机上才能进行调整。

四缸机:如发动机汽缸的工作次序为 1—3—4—2,当第 1 缸活塞处于压缩行程上止点位置时,第 1 缸进、排气门均可调整;第 3 缸可调整排气门;第 4 缸进、排气门都不可调整;第 2 缸可调整进气门。调整完第一步后,旋转飞轮,使第 4 缸处于压缩行程上止点位置时,调整剩余各缸,如此两次便可将全部气门调整完毕。

六缸机:如东风 EQ1090 型发动机,点火顺序为 1—5—3—6—2—4。当第 1 缸处于压缩行程上止点位置时,第 1 缸进、排气门均可调整;第 5 缸可调整排气门;第 3 缸可调整排气门;第 6 缸进、排气门都不可调整;第 2 缸可调整进气门;第 4 缸可调整进气门。调整完第一步后,旋转活塞,当第 6 缸处于压缩行程上止点位置时,调整剩余各缸,如此两次便可将全部气门调整完毕。

由此可见,在各种调整气门间隙的方法中,"双(全)排不进"的调整方法最为简单、简捷,适用调整发动机机型也较多,使人容易接受、记忆和理解。在实践操作中,工作效率也较高。

## 七 考核要点与评分标准

气门传动组的检修考核要点与评分标准见表8-1。

气门传动组的检修考核要点和评分标准　　　　　　表8-1

| 序号 | 操作步骤 | 考核要点 | 分值 | 评分标准 | 考核记录 | 得分 |
|---|---|---|---|---|---|---|
| 1 | 检修前准备 | 检查工具、准备工具 | 2 | 未做每项扣1分 | | |
| 2 | 安全检查 | 检查台架是否牢固 | 2 | 未检查扣2分 | | |
| 3 | 凸轮轴检修 | 1. 测量工具的选用 | 5 | 1. 未进行清洁扣1分<br>2. 未进行校表扣1分<br>3. 工具损坏扣2分 | | |
| | | 2. 凸轮轴裂纹的检修 | 5 | 测量工具使用不正确扣5分 | | |
| | | 3. 凸轮轴弯曲变形的检修 | 5 | 1. 百分表安装不正确扣1分<br>2. 测量方法不正确扣2分<br>3. 计算出错扣2分 | | |
| | | 4. 凸轮轴轴颈磨损的检修 | 5 | 1. 测量部位不正确扣1分<br>2. 工具使用不正确扣2分<br>3. 计算出错扣2分 | | |
| | | 5. 凸轮的检修 | 8 | 1. 测量部位不正确扣3分<br>2. 工具使用不正确扣3分<br>3. 计算出错扣2分 | | |
| | | 6. 偏心轮及驱动齿轮的检修 | 5 | 1. 测量部位不正确扣1分<br>2. 工具使用不正确扣2分<br>3. 计算出错扣2分 | | |
| | | 7. 凸轮轴轴承的选配 | 7 | 轴承的选配不正确扣7分 | | |
| | | 8. 凸轮轴轴向配合间隙检查 | 5 | 1. 工具使用不正确扣1分<br>2. 测量方法不正确扣2分<br>3. 计算出错扣2分 | | |

续上表

| 序号 | 操作步骤 | 考核要点 | 分值 | 评分标准 | 考核记录 | 得分 |
|---|---|---|---|---|---|---|
| 4 | 正时齿轮与正时齿形带的检修 | 1. 正时链轮的检修 | 5 | 1. 工具使用不正确扣1分<br>2. 测量方法不正确扣2分<br>3. 计算出错扣2分 | | |
| | | 2. 正时链条的检修 | 5 | 1. 工具使用不正确扣1分<br>2. 测量方法不正确扣2分<br>3. 计算出错扣2分 | | |
| | | 3. 正时齿形带(链条)的安装 | 8 | 1. 未进行齿形带损伤检查扣2分<br>2. 安装方法不正确扣2分<br>3. 野蛮操作扣4分 | | |
| | | 4. 正时齿形带张紧度的检查 | 8 | 1. 不能正确操作扣4分<br>2. 检查方法错误扣4分 | | |
| 5 | 气门间隙的检查与调整 | 1. 逐缸调整法 | 7 | 1. 工具使用不正确扣1分<br>2. 调整方法不正确扣5分 | | |
| | | 2. 两次调整法 | 7 | 1. 工具使用不正确扣1分<br>2. 调整方法不正确扣5分 | | |
| | | 3. "双(全)排不进"调整法 | 8 | 1. 工具使用不正确扣1分<br>2. 调整方法不正确扣5分 | | |
| 6 | 安全文明操作 | 1. 操作完毕,清洁和整理工、量具 | 2 | 未做扣2分 | | |
| | | 2. 清洁工作场地 | 1 | 未清洁扣1分 | | |
| 7 | 分数合计 | | 100 | | | |

# 项目九　燃油供给系的检测

## 一　实训目标

(1)了解喷油器的结构与工作原理。
(2)了解喷油器故障对整个电控系统的影响。
(3)掌握喷油器的检测方法(电阻测试、数据流测试)、工艺流程、技术规范。
(4)掌握喷油器数据分析的方法。
(5)掌握电动燃油泵的结构与工作原理。
(6)掌握电动燃油泵的检测方法和检测项目。
(7)熟悉燃油压力调节器。
(8)掌握燃油压力的测量方法。
(9)熟悉氧传感器的拆卸与安装。
(10)掌握氧传感器的检测与清洗。

## 二　实训内容

**1. 预习相关知识**

电控燃油喷射系统的执行元件是喷油器。喷油器的功用是根据 ECU 的指令,控制燃油的喷射量。电控燃油喷射系统全部采用电磁式喷油器。单点喷射系统的喷油器安装在节气门体空气入口处;多点喷射系统的喷油器安装在各缸进气歧管或汽缸盖上的各缸进气道处。

喷油器按结构的不同,可分为孔式和轴针式两种,如图9-1所示。喷油器主要由滤网、线束插接器、电磁线圈、复位弹簧、衔铁和针阀等组成,针阀与衔铁制成一体。轴针式喷油器的针阀下部有轴针伸入喷口。

喷油器不喷油时,复位弹簧通过衔铁使针阀紧压在阀座上,以防滴油。当电磁线圈通电时,产生电磁吸力,将衔铁吸起并带动针阀离开阀座,同时复位弹簧被压缩,燃油经过针阀并由针阀与喷口的环隙从喷孔中喷出。当电磁线圈断电时,电磁吸力消失,复位弹簧迅速使针阀关闭,喷油器停止喷油。在喷油器的结构和喷油压力一定时,喷油器的喷油量取决于针阀的开启时间,即电磁线圈的通电时间。复位弹簧的弹力对针阀密封性和喷油器断油的干脆程度会产生影响。

单点燃油喷射系统的喷油器一般都采用下部送油式,即进油口都设在喷油器侧面,而不是在喷油器顶部,这样可降低喷油器的高度,以便在节气门体内安装。此外,各车型装用的喷油器按其线圈电阻值得不同,可分为高阻喷油器(电阻值为 13~16Ω)和低阻喷油器(电阻值为 2~3Ω)两种类型。

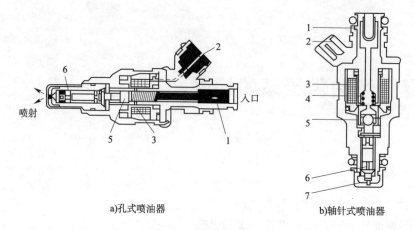

图 9-1　喷油器的类型
1-滤网；2-线束插接器；3-电磁线圈；4-复位弹簧；5-衔铁；6-针阀；7-轴针

Jetta NF CKAA 发动机喷油器的安装位置，如图 9-2 所示。

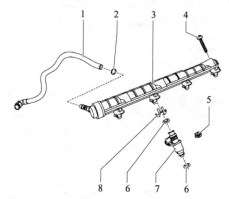

图 9-2　Jetta NF CKAA 发动机喷油器的安装位置
1-燃油供油管；2-弹簧卡箍；3-燃油分配管；4-螺钉；5、8-卡子；6-O 型密封圈；7-喷油器

**2. 实训任务与课时分配**

本实训任务分为两个方面：喷油器的检测和喷油器的清洗。各用 2 个学时完成。

## 三　实训器材

数字万用表、Jetta NF CKAA 发动机故障实验台、进口或国产故障诊断仪、CKAA 发动机教学挂图；功能完好的或有故障的 Jetta NF 型轿车喷油器。

## 四　实训要求与注意事项

(1) 燃料供给系统有压力，注意防护。在松开油管连接件前，在底部垫上吸附性好的抹布，并缓慢松开接头，防止油液飞溅。

(2) 燃料供给系统的导线和测量仪器的导线，只有在点火开关断开的基础上，才能进行连接或断开。

(3)检测前准备好记录表,对每一次的检测做好记录。

(4)就车检查喷油器应在发动机工作时,用手触试或用听诊器检查喷油器针阀开、闭时的振动或声响。

### 五 教学组织

**1. 教学组织形式**

分组教学,按照4~5个工位分组教学,每组5~10人。

**2. 实训教师职责**

通过PPT课件展示、教学视频播放和示范操作等教学手段,讲解实训任务的操作步骤和相关注意事项;并组织学生进行分组实训操作;巡视、检查、指导和纠正学生操作中的错误;课堂总结;组织学生做好5S管理。

**3. 学生职责**

认真观看PPT课件和教学视频;完成教师布置的任务;做好课后的清洁、整理等5S管理工作。

### 六 操作步骤

#### 实训21 喷油器的检修

**1. 喷油器电阻的检测**

拆开喷油器线束插接器,用万用表测量喷油器插接器两端子之间的电阻,低阻值喷油器应为2~3Ω,高阻值喷油器应为13~16Ω,否则应更换该喷油器。

**2. 测量喷油器供电电压**

打开点火开关时,端子对搭铁电压应等于蓄电池电压,如图9-3所示。如果符合要求,则应检查端子1到附加熔断丝的电路有无断路或接触不良。

**3. 测量喷油器针阀开启试验**

喷油器拆下后,通12V电压听声,通电时间应不大于4s,再次试验应间隔30s,如图9-4所示。

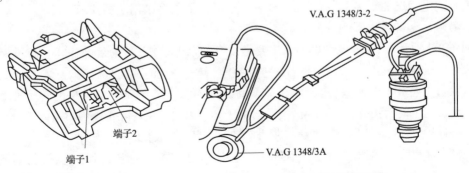

图9-3 喷油器端子　　　　图9-4 喷油器通电测试

**4. 喷油器的清洗**

按照要求添加清洗液,如图9-5所示。

按照如下步骤,进行喷油器的清洗,如图9-6所示。

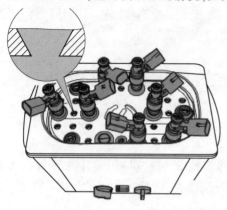

图9-5 按照要求添加清洗液

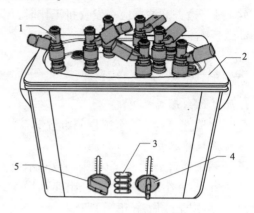

图9-6 喷油器的清洗
1~5-操作步骤

①位置1 将喷油器插入固定板。
②位置2 添加清洗液的固定板。
③位置3 设定清洗温度,50℃。
④位置4 设定清洗时间,30min。
⑤位置5 打开清洗设备。

## 实训22 燃油泵的检修

电动燃油泵的作用是给电控燃油喷射系统提供具有一定压力的燃油。电动燃油泵的电动机和燃油泵连成一体,密封在同一壳体内。电动燃油泵按安装位置的不同,可分为内置式和外置式两种。

内置式电动燃油泵安装在油箱中,具有不易产生气阻、不易泄漏、噪声小、安装管路较简单等优点,应用广泛。外置式电动燃油泵串接在油箱外部的输油管路中,优点是容易布置,安装自由度大,但噪声大,且燃油供给系统易产生气阻,所有只在少数车型上应用。

目前,各车型装有的电动燃油泵按其结构的不同,可分为涡轮式、转子式、滚柱式和侧槽式。内置式电动燃油泵多采用涡轮式,外置式电动燃油泵多采用滚柱式。

**1. 涡轮式电动燃油泵的构造**

如图9-7所示,涡轮式电动燃油泵主要是由燃油泵电动机、涡轮泵、出油阀、卸压阀等组成。油箱内的燃油进入电动燃油泵内的进油室前,首先经过滤网初步过滤。

涡轮泵主要由叶轮、叶片、泵壳体和泵盖组成,叶轮安装在燃油泵电动机的转子轴上。燃油泵电动机通电时,将驱动涡轮泵叶轮旋转,由于离心力的作用使叶轮周围小槽内的叶片贴紧泵壳,并将燃油从进油室带往出油室。进油室燃油不断被带走,形成一定的真空度,将油箱内的燃油经进油口吸入;而出油室燃油不断增多,燃油压力升高,当油压达到一定值时,则顶开出油阀经出油口输出。出油阀还可在燃油泵不工作时阻止燃油倒流回油箱,这样可以保持燃油供给系统有一定的残余压力,便于下次起动发动机。电动燃油泵工作中,燃油流经燃油泵内腔,对燃油泵电动机起到冷却和润滑的作用。燃油泵不工作时,出油阀关闭,使油管内保持一定的残余压力,以便于发动机的起动和防止气阻的产生。卸压阀安装在进油室和出油室之间,当燃油泵压力达到 0.4MPa 时,卸压阀开启,油泵内的进、出油室连通,油泵工作只能在其内部循环,以防止输油压力过高。涡轮式电动燃油泵具有泵油量大、泵油压力较高(可达 600kPa 以上)、供油压力稳定、运转噪声小、使用寿命长等优点,所以应用最为广泛。

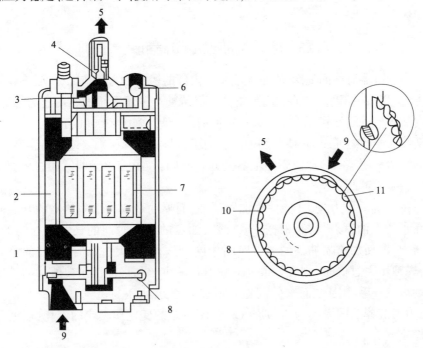

图 9-7 涡轮式电动燃油泵

1-前轴承;2-电动机定子;3-后轴承;4-出油阀;5-出油口;6-卸压阀;7-电动机转子;8-叶轮;9-进油口;10-泵壳体;11-叶片

**2. 滚柱式电动燃油泵的结构**

如图 9-8 所示,滚柱式电动燃油泵主要由燃油泵电动机、滚柱式燃油泵、出油阀、卸压阀等组成。滚柱式电动燃油泵的输油压力波动较大,在出油端必须安装阻尼减振器,这使燃油泵的体积增大,所以一般都安装在油箱外面,即属于外置式。

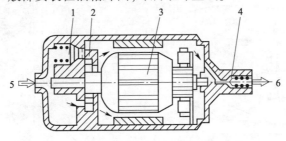

图 9-8 滚柱式电动燃油泵

1-卸压阀;2-滚柱式燃油泵;3-燃油泵电动机;4-出油阀;5-送油口;6-进油口

阻尼减振器主要由膜片和弹簧组成,它可吸收燃油压力波的能量,降低压力波动,以便提高喷油控制精度。

(1)用专用导线将诊断座上的燃油泵测试端子跨接到 12V 电源上,如:丰田车系诊断座上有 +B 端子(电源端子)和 FP 端子(燃油泵测试端子),将两端子跨接到 12V 电源即可。

(2)将点火开关转至"ON"位置,但不要起动发动机。
(3)拧开油箱盖应能听到燃油泵工作的声音,或用手捏进油软管应感觉有压力。
(4)若听不到燃油泵工作声音或进油管无压力,应检修或更换该燃油泵。
(5)若有燃油泵不工作故障,但按上述方法检查正常,应检查燃油泵电路导线、继电器、易熔线和熔体有无断路。

## 实训 23　检验燃油压力调节器和保持压力

燃油压力调节器简称回油阀,它是燃油系统内部的燃油压力调节部分,受系统油压与进气歧管压力(负压)的控制。它的作用是要自动保持整个油压系统的燃油压力为一定值,使供油总管内油压与进气歧管压力之差为一定恒值(一般为 250~300kPa)。

调节至喷油器的燃油压力,使油路中的燃油压力与进气管压力之差保持常数,这样从喷油器喷出的燃油量便唯一地取决于喷油器的开启时间,使电控单元能够通过控制电脉冲宽度来精确控制喷油量。

只有保持一定的压力差,才能使喷油器喷油,而喷油量取决于喷油器的开启时间。因为发动机需求的燃油喷射量,是根据 ECU 给喷油器的通电时间的长短来控制的,如果不控制燃油压力,即使加给喷油器的通电时间相同,但燃油压力过高时,燃油的喷射量会增加,反之当燃油压力过低时,则会导致燃油喷射量减少。如果油压出现波动的情况会引起发动机振动以及一系列随之而来的问题。所以当系统油压与进气歧管压力差发生变化时,燃油压力调节器会因系统油压与进气歧管压力差的变化作相应的变化,以便保持系统内的油压稳定。

(1)关闭点火开关,拔下钥匙。
(2)脱开燃油供给管的连接,如图9-9所示。
(3)用抹布吸收泄漏燃油。
(4)将压力测量仪用适配接头,连接到燃油滤清器和进油管路上,如图9-10所示。

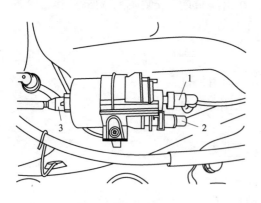
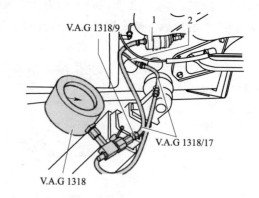

图9-9　燃油压力调节器　　　　图9-10　将压力测量仪连接到燃油滤清器1和进油管路2

(5)打开压力测试仪的截止阀,此时操作杆指向燃油流动方向。
(6)起动发动机,怠速运转。正常燃油压力约在 4.0bar。
(7)如不在正常范围内,视情况调整。

## 实训24　认识氧传感器

在使用三元催化转换器以减少排气污染的发动机上,氧传感器是必不可少的元件。由于混合气的空燃比一旦偏离理论空燃比,三元催化剂对CO、HC和$NO_x$的净化能力将急剧下降,故在排气管中安装氧传感器,用以检测排气中氧的浓度,并向ECU发出反馈信号,再由ECU控制喷油器喷油量的增减,从而将混合气的空燃比控制在理论值附近。

氧传感器的作用是测定发动机燃烧后的排气中氧是否过剩的信息,即氧气含量,并把氧气含量转换成电压信号传递到发动机计算机,使发动机能够实现以过量空气因数为目标的闭环控制;确保三元催化转化器对排气中的碳氢化合物(HC)、一氧化碳(CO)和氮氧化合物($NO_x$)3种污染物都有最大的转化效率,最大限度地进行排放污染物的转化和净化。

汽车上的氧传感器工作原理:当汽车排气管废气一侧的氧浓度低时,在氧传感器电极之间产生一个高电压(0.6~1V),这个电压信号被送到汽车ECU放大处理,ECU把高电压信号看作浓混合气,而把低电压信号看作稀混合气。根据氧传感器的电压信号,ECU按照尽可能接近14.7:1的理论最佳空燃比来稀释或加浓混合气。因此氧传感器是电子控制燃油计量的关键传感器。氧传感器只有在高温时(端部达到300°C以上)其特性才能充分体现,才能输出电压。它在约800°C时,对混合气的变化反应最快,而在低温时,这种特性会发生很大变化。

(1)脱开电气连接,如图9-11所示。

(2)脱开线束固定卡箍。

(3)用氧传感器环形扳手套件,拧出氧传感器及其加热装置。

(4)检测氧传感器加热器的电阻:用欧姆表测量氧传感器插座端子(加热电阻)之间的电阻,加热电阻引出来的相邻两根线的颜色相同,很好区别。冷态电阻约4Ω。氧传感器一共4根线,一字排列,一对通,即电阻端;另一对不通,对电阻端也不通,即为信号输出端。

如果检测为断路或电阻不在正常的范围之内,则需更换氧传感器;如果电阻值正常,则进行下一步故障检修。

(5)检测氧传感器加热器电源电压:

接通点火开关,测量加热电阻端对应的氧传感器插头(线束侧)端子之间的电压,应为蓄电池电压。

图9-11　氧传感器布置
1-后氧传感器及其加热装置;2、3-电气连接;4-前氧传感器及其加热装置

如果电压低或无,则检修氧传感器插头至喷射继电器、搭铁的线路。

(6)检测氧传感器电阻加热器对搭铁绝缘性:用欧姆表测量氧传感器电阻加热器与外壳之间的电阻,应为无穷大。

如果通路,更换氧传感器;如果不通路,则进行下一步检修。

(7)检查氧传感器的信号电压:

①在关闭点火开关的情况下,断开氧传感器上的 4 芯连接器;

②将蓄电池的 12V 电源引到氧传感器的电阻加热端,这个方法需要做一对带线接头,即测试工装。接好后起动发动机,2min 后测量信号输出端的电压。

如果认为这个方法的可操作性不强,可以直接起动发动机,2min 后,拔下四芯接头,迅速测量氧传感器信号端的电压(时间长了加热电阻脱离了电源后,氧传感器的芯子会冷却,测量误差增大)。

起动发动机后的怠速状态下,根据上述工作原理,这个输出电压应该很低;这时踩下加速踏板,在加速踏板变化的瞬间,会有一个电压输出,这个电压跟踩下加速踏板变化率有关(即稳住加速踏板,电压即刻消失),踩下加速踏板越迅速电压越大。最大值可达 0.9V,如果是指针表头,由于惯性和阻尼因素,这个电压一般只能读到 0.8V(考虑到数字表的响应时间,不能用数字表测量,否则误差很大)。

如果氧传感器无电压输出、电压值不变、电压上升或下降很小、电压变化很缓慢,则说明氧传感器的传感元件有问题,这时可考虑清洗氧传感器。

(8)氧传感器的清洗方法如下:拆下氧传感器,用 5% ~10% 的三氯化铁溶液加过量的盐酸,这个比例要视传感器头部表面的情况而定。将氧传感器放到溶液里浸泡,10 ~15min 后取出,用水冲净,不仅周围的 4 个孔要通畅,从底部观察,洗净后里面的载体呈白色。

如果清洗得不理想,继续此项的工作,直到能看到白色的载体为止。

用水冲净后,装上传感器,重复上述的第四步测量工作。一般说来,只要不是副厂的传感器,只要内部的瓷体没有炸裂,加热电阻没有开路,经过上述清洗过的氧传感器都可以恢复正常工作。

## 七 考核要点与评分标准

喷油器的检修考核要点与评分标准见表 9-1。喷油泵的检修考核要点与评分标准见表 9-2。燃油压力的检修考核要点与评分标准见表 9-3。氧传感器的检修考核要点与评分标准见表 9-4。

喷油器的检修考核要点和评分标准　　　　表 9-1

| 序号 | 考核要点 | 分值 | 评分标准 | 考核记录 | 得分 |
|---|---|---|---|---|---|
| 1 | 正确使用工具、仪表 | 10 | 使用不当,1 项扣 5 分 | | |
| 2 | 进行喷油器电阻的检查 | 20 | 操作不熟悉,1 次扣 3 分;操作错误,扣 5 分 | | |
| 3 | 喷油器针阀开启的检查 | 15 | 操作不熟悉,1 次扣 3 分;操作错误,扣 5 分 | | |
| 4 | 测量喷油器供电电压 | 15 | 操作不熟悉,1 次扣 3 分;操作错误,扣 5 分 | | |
| 5 | 清洗、检查喷油器 | 30 | 操作不熟悉,1 次扣 3 分;操作错误,扣 5 分 | | |
| 6 | 整理工具、清理现场 | 10 | 每项未完成扣 2 分 | | |
| | 安全生产方面 | | 因操作不当发生事故,记 0 分 | | |
| 7 | 分数合计 | 100 | | | |

**喷油泵的检修考核要点和评分标准**　　　　　　　　　　　　　　　　　　表 9-2

| 序号 | 考核要点 | 分值 | 评分标准 | 考核记录 | 得分 |
|---|---|---|---|---|---|
| 1 | 正确使用工具、仪表 | 10 | 使用不当,1 项扣 5 分 | | |
| 2 | 检查步骤是否正确 | 40 | 操作不熟悉,1 次扣 2 分；操作错误,扣 10 分 | | |
| 3 | 燃油泵供油量的初步测试 | 40 | 操作不熟悉,1 次扣 2 分；操作错误,扣 10 分 | | |
| 4 | 整理工具、清理现场<br>安全生产方面 | 10 | 每项未完成扣 2 分<br>因操作不当发生事故,记 0 分 | | |
| 5 | 分数合计 | 100 | | | |

**燃油压力的检修考核要点和评分标准**　　　　　　　　　　　　　　　　　　表 9-3

| 序号 | 考核要点 | 分值 | 评分标准 | 考核记录 | 得分 |
|---|---|---|---|---|---|
| 1 | 正确使用工具、仪表 | 10 | 使用不当,1 项扣 5 分 | | |
| 2 | 正确安装压力测量仪 | 40 | 操作不熟悉,1 次扣 2 分；操作错误,扣 10 分 | | |
| 3 | 正确燃油压力 | 40 | 操作不熟悉,1 次扣 3 分；操作错误,扣 5 分 | | |
| 4 | 整理工具、清理现场<br>安全生产方面 | 10 | 违章每项扣 2 分<br>因操作不当发生事故,记 0 分 | | |
| 5 | 分数合计 | 100 | | | |

**氧传感器的检修考核要点和评分标准**　　　　　　　　　　　　　　　　　　表 9-4

| 序号 | 考核要点 | 分值 | 评分标准 | 考核记录 | 得分 |
|---|---|---|---|---|---|
| 1 | 正确使用工具、仪表 | 10 | 使用不当,1 项扣 5 分 | | |
| 2 | 正确拆卸氧传感器 | 40 | 操作不熟悉,1 次扣 2 分；操作错误,扣 10 分 | | |
| 3 | 正确对氧传感器进行检测与调整 | 40 | 操作不熟悉,1 次扣 3 分；操作错误,扣 5 分 | | |
| 4 | 整理工具、清理现场<br>安全生产方面 | 10 | 每项未完成扣 2 分<br>因操作不当发生事故,记 0 分 | | |
| 5 | 分数合计 | 100 | | | |

# 项目十 柴油机燃油供给系的检测

## 一 实训目标

(1)了解柱塞式喷油泵的基本构造与工作原理。
(2)掌握柱塞式喷油泵的维修和调试。
(3)了解柴油机喷油器的功用、类型与构造。
(4)掌握喷油器的检修及就车检查方法。
(5)掌握喷油正时的检查与调整。
(6)了解当今电控共轨燃油供给系统的发展及特点。
(7)掌握电控共轨燃油供给系统的检测和自诊断方法。

## 二 实训内容

**1. 预习相关知识**

喷油泵是汽车柴油机上的一个重要组成部分。喷油泵总成通常是由喷油泵、调速器、供油提前角调整装置等部件组合安装的一个整体。其中,调速器是保障柴油机的低速运转和对最高转速的限制,确保喷油量与转速之间保持一定关系的部件;供油提前角调整装置是根据柴油机转速和负荷的变化,自动调整供油提前角的重要部件;喷油泵是柴油机最重要的部件,被视为柴油机的"心脏"部件,该部件一旦出问题,会使整个柴油机工作失常。

喷油泵(图10-1)主要由柱塞分泵(图10-2)、油量调节机构(图10-3)、分泵驱动机构和泵体四部分组成。

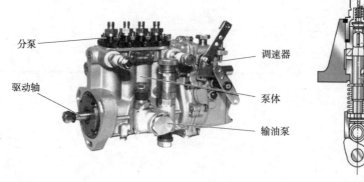

图10-1 喷油泵

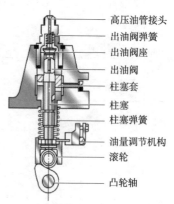

图10-2 柱塞分泵

喷油泵的工作原理如图10-4所示。

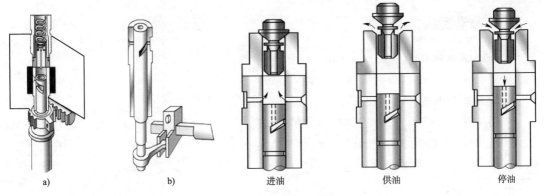

　　　　a)　　　　　　　　b)　　　　　　　　进油　　　　　　供油　　　　　　停油

　　图 10-3　油量调节机构　　　　　　　　　　图 10-4　喷油泵的工作原理

　　喷油泵的吸油和压油,由柱塞在柱塞套内的往复运动来完成。当柱塞位于下止点位置时,柱塞套上的两个油孔被打开,柱塞套内腔与泵体内的油道相通,燃油迅速注满油室。

　　当凸轮顶到滚轮体的滚轮上时,柱塞便升起。从柱塞开始向上运动到油孔被柱塞上端面挡住前为止。在这一段时间内,由于柱塞的运动,燃油从油室被挤出流向油道,这段升程称为预行程。当柱塞上断面将油孔挡住时,便开始压油过程。柱塞上行,油室内油压急剧升高。当压力超过出油阀的弹簧弹力和高压油管的残余油压时,就顶开出油阀,燃油压入高压油管送至喷油器。柱塞套上的进油孔被柱塞上端面完全挡住的时刻称为理论供油始点。柱塞继续向上运动时,供油也一直进行着,压油过程持续到柱塞上的螺旋斜边接触柱塞套回油孔时为止,当油孔一被打开,高压油从柱塞腔经柱塞上的纵向槽和柱塞套上的回油孔流回泵体内的油道。此时柱塞套油室的油压迅速降低,出油阀在弹簧和高压油管中油压的作用下,落回阀座,喷油器立即停止喷油。这时虽然柱塞仍继续上行,但供油已终止。柱塞套上回油孔被柱塞斜边打开的时刻称为理论供油终点。从上述的吸油和压油过程可见,在柱塞向上运动的整个过程中,只是中间一段行程才是压油过程,这一行程称为柱塞的有效行程。

**2. 实训任务与课时分配**

　　本实训任务分为两个子任务:柱塞式喷油泵的维修和柱塞式喷油泵的调试,共用 8 个课时完成。

### 三　实训器材

　　WD6150 发动机拆装台架、汽车发动机常用拆装工具、专用拆装工具、喷油泵试验台、相关量具、零部件存放台及盆等。

### 四　实训要求与注意事项

(1)在满足厂家的生产规范及质量要求的前提下,对柱塞式喷油泵进行相应的拆检作业。
(2)严格按照安全操作规程进行项目作业。
(3)自觉按照文明生产规则进行项目作业。
(4)努力按照环保要求进行项目作业。
(5)翻转台架时,注意安全。

### 五 教学组织

**1. 教学组织形式**

分组教学。按照 4~5 个工位分组教学。每组 5~10 人。

**2. 实训教师职责**

通过 PPT 课件展示、教学视频播放和示范操作等教学手段,讲解实训任务的操作步骤和相关注意事项;并组织学生进行分组实训操作;巡视、检查、指导和纠正学生操作中的错误;课堂总结;组织学生做好 5S 管理。

**3. 学生职责**

认真观看 PPT 课件和教学视频;完成教师布置的任务;做好课后的清洁、整理等 5S 管理工作。

### 六 操作步骤

## 实训 25　检修喷油泵

### (一)柱塞式喷油泵的维修

**1. 将柱塞式喷油泵从柴油机上取下的拆解步骤**

(1)拆下喷油泵供油拉杆后端与喷油泵操纵臂球头销之间的卡箍,再使供油拉杆与操纵臂球头销松脱,并记住各零件的相对位置。

(2)拆下喷油泵进出油管接头,注意收存其密封垫,用干净布块包好油管接头,松开并拆下高压油管紧固螺母,在喷油泵油管接头上拧下防尘螺盖,或用干净布块盖住。

(3)拆下喷油泵的润滑油管,并用干净布块包好各油管接头。

(4)按曲轴旋转方向转动曲轴,使喷油泵从动盘上的刻线与喷油泵前端盖上的刻线对齐,按对角交叉的次序,分几次松开并拧下喷油泵在支架上固定的 4 个长螺栓,取下箍带,将喷油泵稍微抬起,让出定位销后,将喷油泵抽出。注意:此时切勿再转动曲轴。

**2. 柱塞式喷油泵的拆解注意事项**

(1)只有在充分了解柱塞式喷油泵及各零部件构造及其相互关系后,才能进行拆卸,且须严格按一定的顺序进行。不得在配合面或安装面上施以夹紧作业,在不得已的情况下,需用铜皮等软衬垫加以保护。

(2)拆解重要部件必须用专用工具,如拆装柱塞、挺柱,不得随意用身边的物件代替。否则会影响装配质量,甚至损坏零件的精度。

**3. 柱塞式喷油泵的分解步骤**

(1)拆除外围附件,如活塞式输油泵等。

(2)旋转凸轮轴,依次露出滚轮体小孔,插入铁丝,使柱塞弹簧压缩,保持滚轮体固定,脱离与凸轮轴的接触。

(3)拆除供油自动调整装置固定螺母,供油自动调整装置。

(4)拆除调速器后盖固定螺钉,倾斜后盖,脱开起动弹簧、油量调节齿杆,取下后盖。

(5)用专用工具拆卸调速器飞锤。

(6)拆卸调速器前盖固定螺钉。

(7)取出凸轮轴。

(8)用专用工具压缩柱塞弹簧,取出铁丝,然后取出滚轮体。

(9)依次取出柱塞、柱塞弹簧、弹簧下座等零件,卸下出油阀:把油泵正夹于台钳上,拆下出油阀底座,取出出油阀弹簧,将专用工具旋在阀座上,拉出阀座和密封垫片。

留心观察柱塞回油槽方向与横销安装方向,泵内调节齿套和调节齿圈的啮合标记,取出调节齿圈并抽出调节齿条。拧下柱塞套筒的定位螺钉,从油泵上方取出柱塞套筒,把柱塞小心地插入套筒内一起放置。

(10)将分泵按照装配顺序装配好。

**4. 柱塞式喷油泵的检验步骤**

(1)查看柱塞表面有无明显划痕、剥落、锈蚀、变形和裂纹;柱塞端面、直槽、斜槽等边缘有无剥落或锈蚀。减压环带是否磨损过甚,或磨出台阶,是则更换(图10-5)。

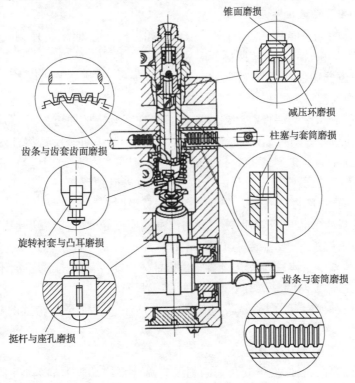

图10-5 磨损

(2)检查柱塞滑动性能。零件洗干净后装复,用手指捏住柱塞套,保持与水平面成60°左右的倾角,然后向上方拉出约总长2/3的柱塞芯。松开手,柱塞芯应能靠自重缓慢地滑进柱塞套内。再将柱塞芯抽出,转动任一角度后,用同样方法作滑动试验,其结果应该相同。若柱塞芯在柱塞套中滑动过快,说明配合间隙过大;若滑动发生阻滞,说明配合间隙过小。因此,这类柱塞偶件必须更换。

(3)检查柱塞偶件密封性能。用一手握套筒,手指堵套筒端面的出油孔和侧面进油孔;另一手拉出柱塞,应感到有明显吸力,放手后柱塞应能迅速而自动地回到原位。

(4)出油阀滑动性能的检验。将在柴油中浸泡过的出油阀偶件取出后,拿住阀座,并在垂直位置抽出阀体约1/3,松开时,出油阀应能在本身重力的作用下,自由落到阀座支承面上。

(5)出油阀密封性能的检验。圆柱形减压环的密封性可用手指抵住出油阀座下孔,将出油阀放在阀座中,当圆柱形减压环进入阀座时,轻轻按下出油阀,若感觉到空气压缩力,松开时出油阀能弹上来,则说明密封良好。

(6)喷油泵体和挺柱之间的标准间隙为 $0\sim0.03\ mm$,如超过 $0.2\ mm$,则应更换零件。

### 5. 柱塞式喷油泵的装配注意事项

装配前要做好准备工作,工作环境洁净,避免接触污物和磨粒,尽量减小零件之间的接触和碰撞。偶件成对存放,柱塞偶件、出油阀偶件必须保持严格配对关系,不得弄混,所有垫片安装时注意其相对位置。使用规定的专用工具,尤其拆装柱塞、挺杆,不要随意用其他物件代替,避免影响装配质量和精度。

### 6. 柱塞式喷油泵的装配步骤

(1)供油齿杆装入泵体时,要注意安装位置。如齿杆上有刻线,应使刻线对正泵体端面。对于齿条上没有记号的零件,应按照拆开时所做的标记装配。然后保持齿杆位置不动,装入调节齿圈使之与齿杆啮合。调节齿圈开口的一面应朝外,并将调节齿圈与控制套筒的记号对正,然后拧紧锁紧螺钉。

(2)安装柱塞和出油阀偶件时必须保证柱塞与柱塞套上的原有配对关系。柱塞套装入泵体后,柱塞驱动凸缘上刻有标记的一边应朝向泵体窗口,不可装反。将柱塞套上的定位螺钉孔对正,防止柱塞套筒歪斜,甚至将回油孔堵死。拧紧螺钉后,柱塞套应能上下移动 $1\sim2mm$,并能微量转动,但不要使用过长的定位螺钉将柱塞套顶死。

柱塞装入套筒后,应将柱塞做上下滑动和顺时针逆时针转动。

出油阀偶件装入泵体时,要确保柱塞套与出油阀座接触面的清洁,以保证密封性。出油阀座需用规定力矩拧紧,一般为 $35\sim40N\cdot m$,同时检查柱塞在柱塞套内是否转动灵活。

(3)挺柱体装入下泵体后,转动凸轮轴时,挺柱体应能灵活地上下运动,不得有运动阻力过大的部位。挺柱体上的调整螺钉不得外露过多,以免挤伤柱塞等零件。

(4)安装凸轮轴前,首先应确认发动机的工作顺序和喷油泵凸轮轴的旋转方向,以防装反。

### 7. 柱塞式喷油泵的装机步骤

(1)转动喷油泵凸轮轴,使从动盘上的刻线与喷油泵前端盖上的刻线正好对齐,然后将喷油泵放回托架上,并使从动盘上的凸耳嵌入连接盘的两个缺口内,检查喷油泵底平面与托架上平面应贴合紧密,把喷油泵摆正,装上箍带及4个紧固螺栓,按对角交叉次序分次拧紧。

(2)装复喷油泵进、出油管接头,装复润滑油管。

(3)将供油拉杆后端的球窝套在喷油泵操纵臂球头销上,装上卡箍,按原记号装上扇形调整板拉线。

(4)松开喷油泵放气螺栓,排除低压油路中的空气后,拧紧放气螺钉。

(5)发动机起动后检查,必要时进行行车试验。

**(二)柱塞式喷油泵的调试**

柴油机 A 型喷油泵总成的调试,在喷油泵试验台上进行,试验台如图 10-6 所示。

图 10-6  喷油泵试验台

向喷油泵供油,将低压油路的压力调整在 100kPa 左右,拧松标准喷油器内的放气螺钉,启动喷油泵,使其转速逐渐增加到 400r/min 左右进行排气,排除高压油路的空气后,拧紧放气螺钉,使其转速逐渐增加到 600~800r/min。在最高转速位置继续运转 3~5min 后停机。

**1. 供油时间的调试**

在喷油泵实验台上调试,确定喷油泵供油开始位置,常用的方法有溢油法、测试管法等。

(1)溢油法

转动凸轮轴,当柱塞位于下止点时,柱塞套上的进油孔打开,实验台供给的高压油容易进入柱塞上方,并克服出油阀弹簧张力而顶开出油阀,燃油从喷油器回油管溢出。转动喷油泵凸轮轴至柱塞上升到遮住进油孔,供油油路被关闭,喷油器回油管停止溢油。此时即为供油开始位置。当第一缸分泵溢油时,喷油泵与联轴器上的供油记号应对正,如图 10-7 所示。

若联轴器记号超过喷油泵记号,说明供油过迟,应增高滚轮体部件高度;若联轴器记号未到喷油泵记号,说明供油过早,应降低滚轮体部件的高度。然后以第一缸为基准,检查其他分泵的供油开始位置,一般要求供油时间间隔角误差不大于 ±0.5°凸轮转角。

如果试验台没有高压输油泵,也可以利用低压输油泵进行检查。拆下出油阀弹簧,装回出油阀底座,转动凸轮轴使柱塞位于下止点,高压油管接头便往外溢油。然后慢转凸轮轴到停止溢油,此时即为供油开始时刻。

(2)测试管法

在出油阀底座上安装测试玻璃管,如图 10-8 所示,在凸轮轴的凸轮未升起的情况下,撬动柱塞使之供油,当玻璃管内燃油平面上升到可供观察的高度时停止撬动,面对联轴器按规定的凸轮转向,慢慢转动凸轮轴,当第一缸玻璃管内油面刚波动的时刻即停止转动,记录下试验台刻度盘的读数。

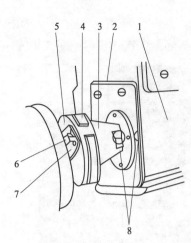
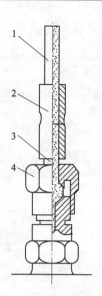

图10-7 对正供油记号
1-喷油泵;2-前盖;3-从动盘;4-连接盘;5-凸缘盘;6-传动螺栓;7-主动盘;8-供油标记

图10-8 检查供油时刻的玻璃管
1-玻璃管;2-橡皮管;3-铁管;4-螺母

以第一缸为基准,用同样的方法按供油顺序测定其他各缸和第一缸开始供油时间相隔的角度,要求与规定的角度的偏差不得超过±0.5°,否则应调整滚轮体部件的高度。调整时,只要旋上或旋下滚轮体上的调节螺钉即可。在规定范围内调整达到要求后固紧锁紧螺母。

**2. 供油量的调试**

喷油泵供油量的调整就是在规定转速与规定齿杆行程位置时,对各分泵供油量和均匀度的调整。主要是额定转速、怠速、起动、校正等工况的供油量及均匀度的调整。在对供油量进行调试时,各缸供油不均匀度可按下式计算:

各缸供油不均匀度 = [(最大缸供油量 - 最小缸供油量)/各缸平均供油量] × 100%

供油不均匀度的调整,以额定转速供油不均匀度最为重要,一般应不大于3%。其次是怠速的供油不均匀度。但由于怠速油量较小,故规定其不均匀度不大于15%。

(1)额定功率供油量的调整:使喷油泵的凸轮轴以1300r/min的转速运转,使喷油泵操纵臂处于最大供油位置,然后操纵试验台的计数器,移开挡油板,使各量筒按规定的次数(400次)盛油。检查各缸供油量,应符合原厂规定。如总供油量不符合规定,用专用工具拧入行程调节螺栓,则各缸供油量增加;反之,则减小,总油量的调整见图10-9。如不均匀度过大,可松开需调缸调节齿圈的固定螺钉,将柱塞控制套筒相对于调节齿圈转动一定角度,然后拧紧固定螺钉,即可改变该缸供油量(图10-10)。

(2)怠速供油量的调整:使凸轮轴以怠速转速(375r/min)运转,将操纵臂移到最小供油位置,即松懈状态,然后操纵试验台的计数器,移开挡油板,使各量筒按规定的次数盛油。检查各缸供油量,应符合原厂规定。

(3)其他工况油量的调整:将操纵臂移到不同的供油位置,可测定不同工况下的供油量,其调整方法同上。

项目十 柴油机燃油供给系的检测

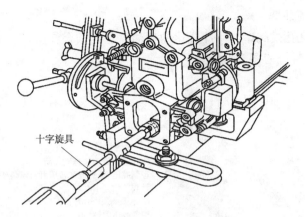

图10-9 总油量的调整

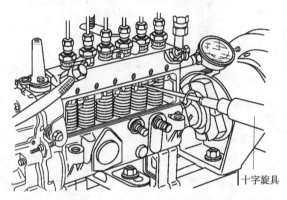

图10-10 个别缸供油量的调整

## 实训26 检修喷油器

喷油器接受ECU发出的喷油脉冲信号,精确地控制燃油喷射量。喷油器是一种加工精度非常高的精密器件,要求其动态流量范围大,抗堵塞和抗污染能力强以及雾化性能好。

**1. 分类**

按照喷油器喷孔与高压油腔之间是否有针阀隔断,喷油器分为开式和闭式两种,开式喷油器的高压油腔通过喷孔直接与燃烧室相通,而闭式喷油器则在高压油腔与燃烧室之间有针阀。现在,绝大多数汽车发动机采用闭式喷油器,按照喷孔的结构不同,常见的形式有两种:孔式和轴针式。按照驱动方式不同,常见的形式有两种:电磁驱动式和油压驱动式。常见的电磁驱动式喷油器有以下几种:

1)轴针式电磁喷油器

喷油时,衔铁带动针阀从其座面上升约0.1mm,燃油从精密间隙中喷出。为使燃油充分雾化,针阀前端磨出一段喷油轴针。喷油器吸动及下降时间为1~1.5ms。

2)球阀式电磁喷油器

球阀的阀针质量小,弹簧预紧力大,可获得更加宽广的动态流量范围。球阀具有自动定心作用,密封性好。同时,球阀简化了计量部分的结构,有助于提高喷油量精度。

3) 片阀式电磁喷油器

质量小的阀片和孔式阀座与磁性优化的喷油器总成结合起来,使喷油器不仅具有较大的动态流量范围,而且抗堵塞能力较强。

**2. 工作原理**

电磁喷油器工作原理见图10-11。

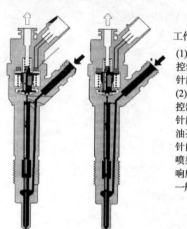

工作原理
(1)电磁阀断电:球阀关闭
控制腔压力+针阀弹簧压力>针阀腔压力
针阀关闭,不喷射
(2)电磁阀通电:球阀开启,泄油孔泄油
控制腔压力+针阀弹簧压力<针阀腔压力
针阀抬起,喷射针阀抬起速度取决于泄油孔与进油孔的流量差
针阀关闭速度取决于进油孔流量
喷射响应=电磁阀
响应+液力系统响应
一般应为0.1~0.3ms(喷油速率控制的要求)

图10-11　电磁喷油器工作原理

普通柴油机的喷油器,一般是油压驱动式,借助于高压油泵将柴油增大压力后,克服针阀弹簧的预紧力,开始喷射。这种供油方式要随发动机转速的变化而变化,做不到各种转速下的最佳供油量和喷油时刻。

共轨喷射式供油系统的喷油器,常采用电磁驱动式。工作时,高压油泵以高压将燃油输送到公共供油管,高压油泵、压力传感器和ECU组成闭环工作,对公共供油管内的油压实现精确控制,彻底改变了供油压力随发动机转速变化的现象。其主要特点有以下3个方面:

(1)喷油正时与燃油计量完全分开,喷油压力和喷油过程由ECU适时控制。

(2)可依据发动机工作状况去调整各缸喷油压力、喷油始点、持续时间,从而追求喷油的最佳控制点。

(3)能实现很高的喷油压力,并能实现柴油的预喷射。

**(一)油压驱动式喷油器的拆解与装配**

**1. 喷油器的拆解**

(1)用专用工具从柴油机上拆下喷油器,用铜丝刷清洁喷油器外部。

(2)将喷油器喷孔朝上,用垫有铜皮护口的台钳夹住喷油器体。

(3)从喷油器体上拧下紧固螺套,拆下针阀、针阀体等零部件,并从喷油器体内取出顶杆。

(4)松开台钳,将喷油器掉转并重新夹住,拧下调压螺钉护帽和调压螺钉。

**2. 喷油器的检查**

(1)将喷油器放在柴油盆中刷洗干净,操作时注意保护针阀偶件头部,用软毛刷刷洗,不要划伤或碰伤(图10-12a)。

(2)用专用工具疏通油道(图10-12b)。

(3)用直径比喷孔小的专用探针清理针阀体喷孔内、外积炭(图10-12c)和d)。

(4)用铜制弯头刮刀清理针阀体内压力室中的积炭(图10-12e)。

(5)用专用工具清洁密封锥面(图10-12f)。

(6)用铜针清理针阀油道(图10-12g)。

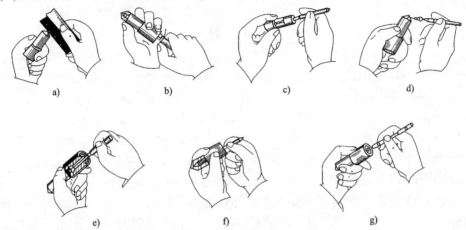

图10-12 针阀偶件的分解与清洗

(7)针阀偶件的配合检验方法。将阀体向右倾斜60°,针阀拉出1/3行程;当放开后,针阀应能靠其自重平稳滑入针阀座中(图10-13);如针阀在某位置不能平稳下滑,说明有变形或表面损伤,若下滑速度太快,说明间隙过大。出现以上两种现象,应更换针阀偶件。

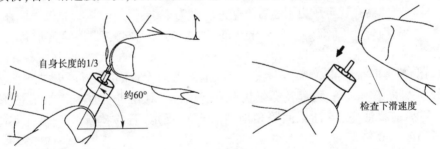

图10-13 针阀偶件的配合检验

**3. 喷油器的装配**

将所有的零件仔细清洗干净,检验合格后方可进行装配。

(1)将针阀偶件对准定位销孔放在喷油器体平面上,装上针阀体帽并旋紧。

(2)将喷油器体夹持在带有铜皮护口的台钳上,装顶杆、调整弹簧和调压螺钉。

(3)喷油器内起密封作用的纯铜垫片应予以更新。

**(二)喷油器性能的检查**

**1. 喷油压力的检查与调试**

将喷油器装到试验台上(图10-14),拧紧连接部位,然后给系统排气。快速按下试验台手柄若干次,等喷油器内空气排出后,再缓慢地按动手柄(以60次/min为宜)。等喷油器内

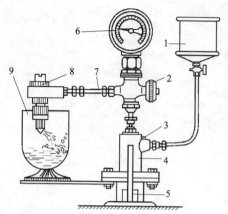

图 10-14 喷油器试验台

1-油箱；2-开关；3-放气螺钉；4-油泵体；5-手柄；
6-油压表；7-油管；8-喷油器；9-油池

的细小杂质和油污排出后，观察油压表。当读数开始下降时，即为喷油器的开启压力，其数值应符合技术要求。6BT 柴油机喷油器最低开启压力为 $22 \pm 0.5$ MPa。要求：一台发动机中各喷油器的喷油压力差异应不超过 0.025MPa。如果喷油压力不符合规定要求，应视喷油器的结构进行调整。

**2. 密封性检查与试验**

喷油器密封性检查与试验，主要有以下两方面：

(1) 针阀与针阀体的导向部分配合严密性实验：常采用降压法。将喷油器装在喷油器试验台上，把喷油压力调到 21MPa，观察由 21MPa 下降到 18MPa 时所经历的时间，正常为 10s 以上。如果时间过短，说明喷油器导向部分的配合间隙过大，回油过多；如果时间过长，说明导向部分有卡滞或拉毛现象。两种情况下均应更换喷油器。

(2) 针阀密封锥面的密封性实验：缓慢按压喷油器试验台手柄，使压力均匀升高到低于要求的喷油压力 22MPa，并在此压力下持续 10s 以上。在此期间，喷油孔附近不得有柴油聚集或渗漏现象，但允许有少量湿润。当压力增至规定的喷油压力时，在喷油器开始喷油的瞬间，喷油孔附近允许湿润，但不应有滴油现象。如果喷油孔滴油或渗油，说明针阀密封锥面密封不良，应更换。

**3. 喷雾质量的检查**

主要检查喷油器在规定压力下能否把柴油喷射为细小、均匀的雾状油束。检查项目有：喷雾锥角、射程、均匀性、油滴尺寸及尺寸分布。常用的检查方法：目测喷雾形状法、倾听喷雾响声法。

(1) 目测喷雾形状法：目测喷雾形状可与喷油压力的检查同时进行，主要是通过观察油束的轮廓，来判断喷雾锥角、射程及雾化状态是否正常。对孔式喷油器，各喷孔应形成一个雾化良好的小锥状油束，各油束间隔角应符合原厂规定，且应确保每个喷孔都喷油，如图 10-15 所示。

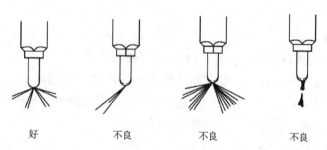

图 10-15 孔式喷油器喷油质量检查

(2) 倾听喷雾响声法：根据喷油器在喷油时发出的响声，可以判断喷雾质量的好坏。孔式喷油器在喷油时，如发出"砰砰"声，说明喷雾质量正常。如果喷油时响声沙哑，说明喷油嘴喷雾不良或针阀运动不灵活。如果响声微弱或听不到响声，说明喷油压力过低。

#### 4. 就车检查喷油器

(1) 拆下待查的喷油器,用一个三通接头,将其与一个工作性能良好的标准喷油器并联安装在喷油泵高压油管上,起动发动机并维持怠速运转。

(2) 观察待查喷油器是否与标准喷油器同时喷油。

(3) 观察喷油器的喷油情况,应符合喷雾试验的要求。

(4) 在两喷油器下面各放一量杯,以对比检查其喷油量。

### 实训27　检查与调整喷油正时

柴油机喷油器的喷油时刻必须有一定的提前量,该提前量即为喷油正时。柱塞式燃油系统的喷油正时是通过检查柱塞泵刚开始供油那一刻到压缩上止点时曲轴转过的角度。

#### 1. 常见国产发动机喷油正时和供油时间调整

(1) 拧下高压油管与喷油器的连接螺母,再拧松与喷油泵连接的螺母,把高压油管转一个角度,使管头朝上再将螺母拧紧。

(2) 排除油路中的空气,将调速手柄置于供油位置,按发动机运转方向缓慢转动飞轮,当高压油管中刚刚有柴油冒出时立即停止转动。看飞轮上供油刻线是否对准水箱或指示铁片上的刻线,为了准确可连续做几遍。

(3) 当发现供油提前角过大或过小时,拧掉泵体的3个固定螺母,用增加或减少垫片的方法进行调整。增加垫片,供油时间滞后;反之提前。调整完后,进行复查,直至合适为止。

#### 2. 重庆康明斯发动机喷油正时的调整

NT855发动机喷油正时检查工具3375522已安装到位,注意:所使用的百分表量程应大于5.16mm。

(1) 百分表的安装:①活塞行程表在活塞行程上止点时压缩5.16mm以上。②推杆行程表在活塞行程上止点后90°压缩5.16mm以上。

(2) 顺发动机转向转动曲轴直至第1缸压缩行程上止点(压缩行程上止点确定方法为活塞在到达上止点时,两只百分表的转向为一致,如不一致需再转动曲轴一圈),再顺时针和逆时针转动曲轴2°~3°,直至找到活塞的准确上止点位置,此时活塞行程百分表对零。

(3) 顺发动机转向转动曲轴到上止点后90°(上止点后90°确定方法为活塞下行至自身行程的一半位置,此时喷油推杆处在凸轮轴下基圆位置,推杆行程表读数无变动)此时推杆行程表对零。

(4) 逆发动机转向转动曲轴直至上止点前5.16mm以上(5.16mm由活塞行程表读得),注意:转动曲轴时一定要保持缓慢,超过5.16mm是为了消除发动机齿轮侧隙。

(5) 顺发动机转向转动曲轴直至活塞行程表指示上止点前5.16mm,此时推杆行程表的读数(表对零后到活塞上止点前5.16mm的转动读数)。

### 实训28　检修共轨系统

图10-16为高压共轨式电控燃油喷射系统的基本组成图。它主要由电控单元、高压油泵、共轨管、电控喷油器以及各种传感器等组成。低压燃油泵将燃油输入高压油泵,高压油泵将燃油加压送入共轨管,共轨管中的压力由电控单元根据油轨压力传感器测量的油轨压

力以及需要进行调节,共轨管内的燃油经过高压油管,根据柴油机的运行状态,由电控单元从预设的MAP图中确定合适的喷油定时、喷油持续时间,由电液控制的电子喷油器将燃油喷入汽缸。

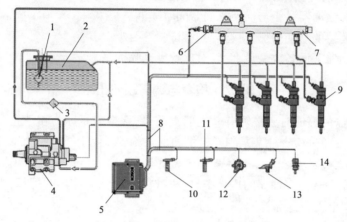

图10-16　高压共轨式电控燃油喷射系统的基本组成图

1-燃油粗滤器;2-燃油油箱;3-燃油细滤器;4-高压泵;5-电控单元ECU;6-共轨压力传感器;7-共轨管;8-ECU线束部件;9-喷油器总成;10-凸轮轴信号传感器;11-曲轴转速传感器;12-加速踏板传感器;13-进气温度压力传感器;14-冷却液温度传感器

**1. 高压油泵**

博世公司采用高压油泵,是由柴油机驱动的三缸径向柱塞泵,它能产生高达135MPa的压力。该高压油泵在压油单元中采用了多个压油凸轮,使其峰值扭矩降低为传统高压油泵的1/9,负荷也比较均匀,降低了运行噪声。该系统中高压共轨腔中的压力控制是通过对共轨腔中燃油的放泄来实现的,为了减小功率损耗,在喷油量较小的情况下,将关闭三缸径向柱塞泵中的一个压油单元使供油量减少。

它安装在柴油机一侧,位置如图10-17所示。作用是:除将低压燃油加压成高压燃油外,还在于保证在快速起动过程和共轨管中压力迅速上升所需要的燃油储备、持续产生高压共轨管所需要的系统压力。

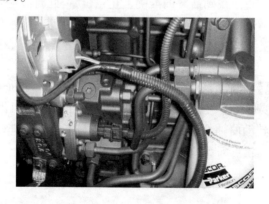

图10-17　高压油泵安装位置

内部结构,如图10-18所示。它由互相呈120°夹角的3缸径向柱塞组成,3个泵油柱塞由驱动轴上的凸轮驱动进行往复运行。

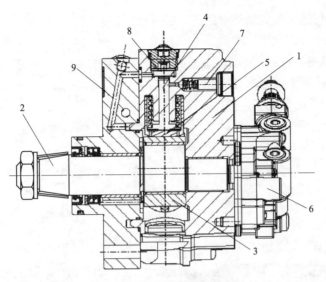

图 10-18 高压油泵内部结构图
1-泵体;2-偏心轴;3-多边形环;4-柱塞;5-挺杆;6-齿轮输油泵;7-高压出油阀;8-进油阀;9-凸缘

当柱塞向下运动时,为吸油行程。吸油阀会开启,允许低压燃油进入泵腔;当柱塞到达下止点时,进油阀将会关闭,泵腔内的燃油在向上运动的柱塞作用下被加压后输送到油轨中,等待喷射。3 缸径向柱塞高压油泵,如图 10-19 所示。

它具备以下基本特点:集成燃油计量阀,并由之协助控制轨压;集成齿轮输油泵;采用燃油润滑;最大允许轨压为 160MPa。

**2. 共轨管**

也称为高压蓄压器,是一根锻造钢管,油轨内径一般为 10mm,各缸喷油器通过各自的高压油管与油轨连接共轨管。它将高压油泵提供的高压燃油分配到各喷油器中,起蓄压器的作用。博世系统的共轨管如图 10-20 所示。它的容积能削减高压油泵的供油压力波动和每个喷油器在喷油时引起的压力震荡,使高压油轨中的压力波动控制在 5MPa 之下。但其容积又不能太大,以保证共轨有足够的压力响应速度以快速跟踪柴油机工况的变化。

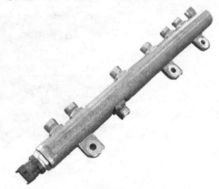

图 10-19 三缸径向柱塞高压油泵内部实物图　　图 10-20 共轨管实物图

共轨管上还安装了油轨压力传感器、液流缓冲器(限流器)和压力限制器。油轨压力传感器向 ECU 提供共轨管的压力信号;液流缓冲器(限流器)保证在喷油器出现燃油漏泄故障时切断向喷油器的供油,并可减小共轨管和高压油管中的压力波动;压力限制器保证共轨管在出现压力异常时,迅速将共轨管中的压力进行放泄。

### 3. 电控喷油器

电控喷油器是高压共轨式燃油系统中最关键和复杂的部件之一,作用是根据 ECU 发出的控制信号,通过控制电磁阀的开启和关闭,将共轨管中的燃油以最佳的喷油定时、喷油量和喷油率喷入柴油机的燃烧室。博世系统的电控喷油器如图 10-21 所示。

德国博世的电控喷油器是由与传统喷油器相似的喷油嘴和控制活塞、控制量孔、控制电磁阀组成,图 10-22 所示为 BOSCH 的电控喷油器结构图。

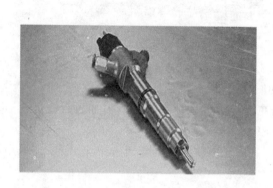

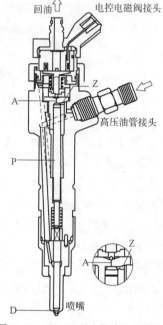

图 10-21　电控喷油器实物图　　　　　图 10-22　BOSCH 的电控喷油器结构图

在电磁阀不通电时,电磁阀关闭控制活塞顶部的量孔 A,高压油轨的燃油压力通过量孔 Z 作用在控制活塞上,将喷嘴关闭,如图 10-23 所示。

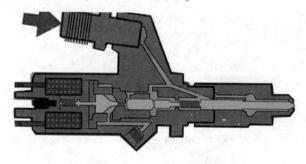

图 10-23　电控喷油器电磁阀不通电时

当电磁阀通电时,量孔 A 被打开,控制室的压力迅速降低,控制活塞升起,喷油器开始喷油,如图 10-24 所示。

当电磁阀关闭时,控制室的压力上升,控制活塞下行,关闭喷油器,完成喷油过程,如图 10-25 所示。

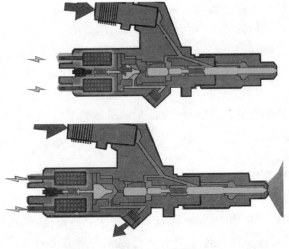

图 10-24　电控喷油器电磁阀通电时

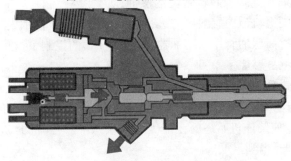

图 10-25　电控喷油器电磁阀不通电时控制活塞下行

### 4. 高压油管

高压油管是连接共轨管和电控喷油器的通道,它有足够的燃油流量空间,从而减小燃油流动时的压降,并使高压管路系统中的压力波动较小,并能承受高压燃油的冲击作用,且起动时共轨管中的压力能很快建立。各缸高压油管的长度应尽量相等,使柴油机每一个喷油器有相同的喷油压力,从而减少柴油机各缸之间喷油量的偏差。各高压油管应尽可能短,使从共轨管到喷油嘴的压力损失最小。BOSCH 公司的高压油管的外径为 6mm,内径为 2.4mm。

### 5. 工作原理

柴油机高压共轨式电控燃油喷射系统的原理如图 10-26 所示。

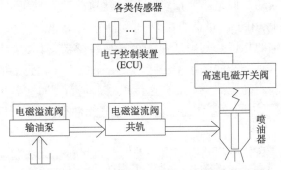

图 10-26　柴油机高压共轨式电控燃油喷射系统的原理图

它是由高压油泵将高压燃油输送到共轨管,通过对共轨管内的油压精确控制,使高压油管的压力大小与柴油机的转速无关,可以大幅度减小柴油机供油压力随转速变化的程度,因此,也就减少了传统柴油机的缺陷。ECU控制喷油器的喷油量,其大小取决于共轨管内的压力和电磁阀开启时间的长短。该技术通过高压油泵直接或间接的形成恒定的高压燃油,分送到每个喷油器,并借助于集成在每个喷油器上的高速电磁开关阀的启闭,定时定量的控制喷油器喷射至柴油机燃烧室的油量,从而保证柴油机达到最佳的空燃比和良好的雾化,以及最佳的发火时间、足够的能量和最少的污染排放。

**6. 燃油系统工作过程**

燃油从油箱被输送泵吸出,经油水分离器滤清后,被送入高压油泵,这时燃油压力为0.2MPa。进入高压泵的燃油一部分通过高压油泵上的安全阀进入油泵的润滑和冷却油路,流回油箱;一部分进入高压泵中的燃油被加压到135MPa后,被输送到共轨管(蓄压器)。

燃油进入共轨管后,油轨压力传感器对轨道内燃油压力进行检测、监控并实时反馈,控制单元(ECU)通过燃油计量阀把共轨管内的燃油压力始终控制在所需范围内,由共轨管回油处设置的压力限制阀把轨道内燃油压力进行调节限制在正常范围内,然后经流量限制阀,把合适流量的燃油通过高压油管压入喷油器内。在ECU的控制下通过喷油器,把高压柴油定时、定压、定量喷入汽缸燃烧室。

在电控高压共轨式系统中,由各种传感器及时检测出柴油机的实际运行状态,由ECU根据预置的程序进行运算后,确定适合于该工况下的最佳喷油量、喷油时刻、喷油速率、模型参数等,ECU发出指令使柴油机始终处在最优工作状态,使柴油机的动力性、经济性得到有效的发挥,并且可使排放得到最低。

**7. 喷油量的控制过程**

柴油机在运行过程中,对喷油量的需求,主要取决于驾驶员的操纵意图,由加速踏板位置传感器采集踏板(加速)信号,并将它传输给ECU,通过加速踏板设定的函数,实时提供合适的喷油参数。当柴油机内部条件和外部环境发生变化时,常需变更喷油始点和喷射压力等,其变化的依据是根据相应的传感器,把相关信息反馈给ECU,与存储期望值比较后发出修正指令,由对应的执行器包括高压泵燃油计量阀、喷油器内电磁阀等去执行。

柴油机燃油供给系常见故障及检测方法:

**1. 电气系统故障**

首先通过故障解码器读取故障信息。对于大多数共轨柴油发动机,如果曲轴转速传感器损坏,发动机将无法起动。但是康明斯电控高压共轨柴油发动机上有两个曲轴转速传感器,一个安装在飞轮壳上,用于测量曲轴的转速和活塞的上止点。另一个安装在高压油泵上,用于测量油泵凸轮轴的相位。其中任何一个转速传感器损坏,柴油机都能够起动;只有这两个转速传感器同时损坏,柴油机才无法起动。如果位于飞轮壳上的转速传感器损坏,可以将它的插接器拔下,利用高压油泵上的转速传感器来判断正时。若出现故障代码,可按照故障代码查找相关电气元件的故障。通常情况下电气元件很少损坏,只是连接松脱所至。

**2. 低压油路故障**

检验时发动机无故障码,用起动机多次带动发动机运转均无法起动,可在起动机运转条件下测量低压供油管路压力,若其低于0.15MPa,则低压油路有故障。现场排放低压部分油路空气,可以顺利起动,但着火后很快熄火或熄火约5min左右后再次起动困难,可怀疑低压油路密封不严。一般情况下为燃油箱至低压输油泵之间有泄漏,导致低压油路进入空气,直接导致轨压难以建立。此时需检查燃油箱油位是否过低,油箱盖通气孔是否堵塞,油水分离器是否存有大量水分,油水分离器、燃油滤清器及其旁通阀是否堵塞,油管是否弯折,低压输油泵输油压力是否过低等。

**3. 检查限压阀的故障**

在柴油机高怠速状态下,若高压油轨燃油压力超过140MPa时,限压阀应开启,泄压保护系统不至受损,当高压油轨燃油压力低于30MPa时,限压阀应关闭,以提高系统压力。如果测量共轨油压时,压力不在规定范围内,可能是限压阀不能按照规定的压力开闭,应将限压阀更换。此外,还应测量限压阀的回油量,若其高于允许最大值(10mL),则可判断为限压阀内部出现泄漏,更换限压阀即可排除故障。

**4. 检查喷油器故障**

在额定转速下检测喷油器回油量,若其超过正常工作极限值(960~1200mL),则可判断为喷油器内部电磁阀芯或喷油嘴针阀等运动部件出现卡滞。上述部件卡滞后,导致回油量异常增大,高压油经喷油器溢流孔处回流至油箱,便引起柴油机熄火,此时更换喷油器即可。

拆卸高压共轨系统的喷油器时,应当标记其所在的汽缸号,安装时必须"对号入座",使喷油器与汽缸逐个对应,千万不能将喷油器与原来所在的汽缸混淆。不允许松开喷油器的接头做"断缸"试验。传统柴油机做断缸试验时,通常是松开某缸喷油器的高压油管接头,如果发动机的转速没有变化,说明这个缸的喷油器工作不良。但是这种"断缸"试验不能用于电控高压共轨柴油机,一旦松开共轨柴油机喷油器上的高压油管接头,共轨柴油机马上就会熄火。这是因为松开任何一只喷油器上的高压油管接头,将无法建立共轨高压油压。必要时,可以松开喷油器的回油管接头,通过回油的情况进行判断。做法是将各喷油器的回油管拆下后,单独放入到一个量杯中,起动发动机,喷油器回油管流出的油将被引导到量杯内,通过比对各量杯中的油量差,能够快速确定有问题的喷油器。如果某缸的回油量明显偏多或偏少,说明该喷油器偶件卡滞或泄漏量过大。

**5. 高压油路故障**

发动机起动后,运转5min左右就自动熄火。现场检测,无任何故障码。初步分析,属于油路问题。经过排查,排除低压油路空气后,仍无法起动。可怀疑是高压油路进了空气。松开油泵端的2个高压油管接口,用起动机带动,若发现无燃油排出,可确认应该是高压泵内进空气。折住回油管,再次用起动机带动发动机旋转,经过几次带动后,燃油就可从接口端流出。连接油管接头,起动正常。

**6. 自诊断**

电子控制系统一般都有故障自诊断功能,如图10-27所示。当电子控制系统出现某种故障时,故障自诊断系统就会立刻监测到故障并通过自诊断,通过警告灯向驾驶员报警,与此同时以代码的方式储存该故障的信息。这时我们应该按下柴油机诊断开关,这时柴油机故障指示灯会按顺序显示故障码,我们可根据对应的手册查出故障码指示的故障,从而解决故障。

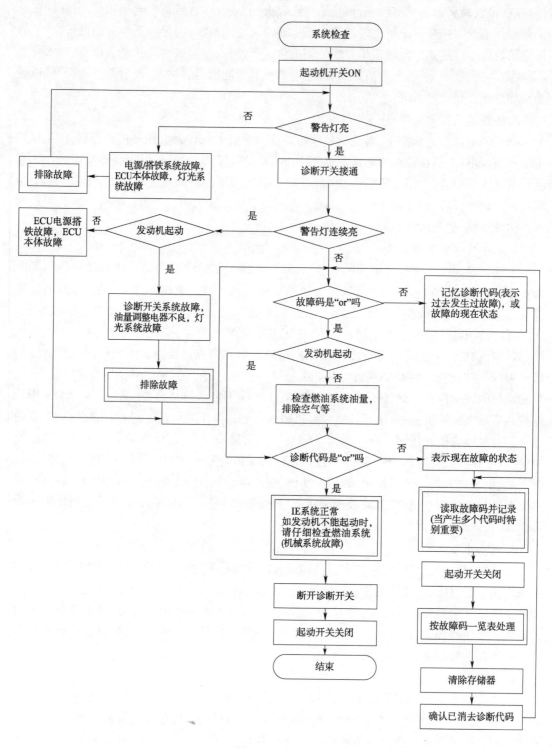

图10-27 自诊断

## 七 考核要点与评分标准

柱塞式喷油泵的检修考核要点与评分标准见表10-1。喷油器的检修考核要点与评分标准见表10-2。喷油正时考核要点与评分标准见表10-3。检修共轨系统考核要点与评分标准见表10-4。

柱塞式喷油泵的检修考核要点和评分标准　　　　　　表10-1

| 序 号 | 考核要点 | 分 值 | 评分标准 | 考核记录 | 得 分 |
|---|---|---|---|---|---|
| 1 | 正确使用工具、仪表 | 10 | 使用不当,1项扣5分 | | |
| 2 | 正确进行柱塞式喷油泵的维修 | 40 | 操作不熟悉,1次扣2分;操作错误,扣10分 | | |
| 3 | 正确进行喷油泵的调试 | 40 | 操作不熟悉,1次扣3分;操作错误,扣5分 | | |
| 4 | 整理工具、清理现场 安全生产方面 | 10 | 每项未完成扣2分 因操作不当发生事故,记0分 | | |
| 5 | 分数合计 | 100 | | | |

喷油器的检修考核要点和评分标准　　　　　　表10-2

| 序 号 | 考核要点 | 分 值 | 评分标准 | 考核记录 | 得 分 |
|---|---|---|---|---|---|
| 1 | 正确使用工具、仪表 | 10 | 使用不当,1项扣5分 | | |
| 2 | 熟练掌握柴油发动机喷油器的检修 | 40 | 操作不熟悉,1次扣2分;操作错误,扣10分 | | |
| 3 | 掌握柴油发动机喷油器性能的检查及就车检查喷油器 | 40 | 操作不熟悉,1次扣3分;操作错误,扣5分 | | |
| 4 | 整理工具、清理现场 安全生产方面 | 10 | 每项未完成扣2分 因操作不当发生事故,记0分 | | |
| 5 | 分数合计 | 100 | | | |

喷油正时考核要点和评分标准　　　　　　表10-3

| 序 号 | 考核要点 | 分 值 | 评分标准 | 考核记录 | 得 分 |
|---|---|---|---|---|---|
| 1 | 正确使用工具、仪表 | 10 | 使用不当,1项扣5分 | | |
| 2 | 熟练进行喷油正时的检查 | 40 | 操作不熟悉,1次扣2分;操作错误,扣10分 | | |
| 3 | 正确进行喷油正时的调整 | 40 | 操作不熟悉,1次扣3分;操作错误,扣5分 | | |
| 4 | 整理工具、清理现场 安全生产方面 | 10 | 每项未完成扣2分 因操作不当发生事故,记0分 | | |
| 5 | 分数合计 | 100 | | | |

检修共轨系统考核要点和评分标准  表10-4

| 序号 | 考核要点 | 分值 | 评分标准 | 考核记录 | 得分 |
|---|---|---|---|---|---|
| 1 | 正确使用工具、仪表 | 10 | 使用不当,1项扣5分 | | |
| 2 | 正确阐述柴油共轨系统的特点 | 20 | 操作不熟悉,1次扣2分;操作错误,扣10分 | | |
| 3 | 进行柴油共轨系统故障诊断 | 30 | 操作不熟悉,1次扣3分;操作错误,扣5分 | | |
| 4 | 进行柴油共轨系统自诊断 | 30 | 操作不熟悉,1次扣3分;操作错误,扣5分 | | |
| 5 | 整理工具、清理现场 | 10 | 每项未完成扣2分 | | |
| | 安全生产方面 | | 因操作不当发生事故,记0分 | | |
| 6 | 分数合计 | 100 | | | |

# 项目十一  冷却系的检测

## 一 实训目标

(1) 了解冷却系的基本知识。
(2) 了解冷却系的检测项目。
(3) 掌握冷却液的检查与更换标准。
(4) 掌握水泵与节温器的检修。
(5) 掌握散热器的检修。

## 二 实训内容

**1. 预习相关知识**

冷却系的作用使发动机在任何工况下,高温机件都能得到适度的冷却,使发动机始终在最适宜的温度范围内工作。同时,冷却系统还为暖风系统提供热源。

CKAA 型发动机的冷却系统属强制循环封闭式冷却系统,其组成如图 11-1、图 11-2 所示,冷却液的循环过程,如图 11-3 所示。

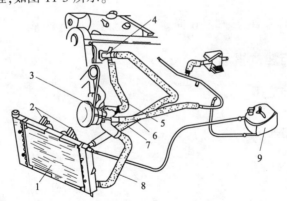

图 11-1  发动机冷却系统示意图

1-散热器;2-风扇;3-水泵;4-机体进水口(进入汽缸体、汽缸盖水套);5-旁通水管;6-暖气回水进水泵水管;7-机体冷却水出口与散热器进水口接管;8-散热器出水管;9-膨胀小水箱

冷却强度可通过节温器和温控风扇调节。节温器调节冷却液的冷却能力,温控风扇调节流经散热器的冷却空气量。

冷却液轴向进入水泵后,经叶轮径向直接流进机体水套,然后流入汽缸盖水套。此后,冷却液分两路循环。一路大循环:冷却液流经散热器冷却后,进入装在机体水泵进口处的节温器流向水泵进口;另一路小循环:冷却液直接进入节温器后的水泵进口,不经散热器冷却。

当冷却液的温度低于85℃时,进行小循环;当冷却液温度高于85℃时,部分冷却液进行大循环;当冷却液温度达到105℃时,全部冷却液参与大循环。

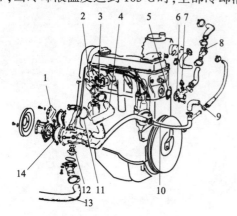

图11-2 冷却系零件分解图

1-水泵;2-缸盖接管;3-密封垫;4-橡胶管;5-密封垫;6-接管;7-冷却液温度传感器;8-热敏开关;9-通向暖风热交换器的冷却液管;10-冷却液管;11-O形密封圈;12-节温器;13-下橡胶弯管;14-密封垫圈

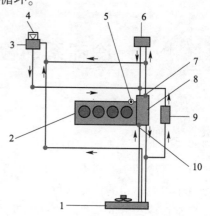

图11-3 冷却液循环过程

1-散热器;2-冷却液泵和节温器;3-膨胀材料元件;4-自动阻风门(化油器);5-暖气用热交换器;6-ATF散热器(仅用于自动变速器型车);7-机体(汽缸体/汽缸盖);8-冷却液管路;9-暖气阀门;10-三通热敏开关

**2. 实训任务与课时分配**

本实训项目分为3个实训任务:冷却液的检查与更换、水泵与节温器的检修、散热器的检修,各4个学时,共用12个课时完成。

## 三 实训器材

发动机冷却系所涉零件、冷却液6桶、冷却系检修专用工具等。

## 四 实训要求与注意事项

(1)正确使用拆装工具。
(2)注意安全。
(3)小心损坏易损件。

## 五 教学组织

**1. 教学组织形式**

分组教学,按照4~5个工位分组教学,每组5~10人。

**2. 实训教师职责**

通过PPT课件展示、教学视频播放和示范操作等教学手段,讲解实训任务的操作步骤和相关注意事项;并组织学生进行分组实训操作;巡视、检查、指导和纠正学生操作中的错误;课堂总结;组织学生做好5S管理。

**3. 学生职责**

认真观看PPT课件和教学视频;完成教师布置的任务;做好课后的清洁、整理等5S管理工作。

## 六 操作步骤

### 实训29　冷却液的检查与更换

在正常的使用中,每月应至少检查一次冷却液液面高度。如果气候炎热,检查的次数应更多一些。检查液面高度时应在发动机处于正常的工作温度下进行。检查时不必打开散热器,观察冷却液膨胀箱中的液面高度即可。正常的液面高度应位于"max"与"min"标记之间,如图11-4所示。

发动机冷却液是由专用冷却剂G11和水混合而成,可永久使用,发动机冷却液容量(带膨胀水箱)为6L。冷却液液面高度应位于膨胀水箱的min与max两标记之间。

**1. 排放冷却液**

排放冷却液时,按以下步骤进行:

注意事项:冷却液热蒸汽和高温冷却液可能会造成烫伤。

(1)拧开冷却液膨胀罐的密封盖。用抹布盖住冷却液膨胀罐的密封盖,缓慢拧动,卸除过高压力。

(2)拆下夹箍(图11-5),拉出冷却液软管,放出冷却液。用容器收集冷却液,以便以后使用。

图11-4　膨胀箱外侧指示标识

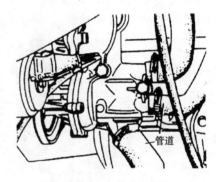
图11-5　拆下管道的夹箍

**2. 加注冷却液**

添注冷却液时,按以下步骤进行:

(1)安装冷却液软管。
(2)添注冷却液至膨胀罐上的最高点标记处。
(3)旋上散热器盖。
(4)使发动机运转至风扇转动。
(5)检查冷却液液面高度,必要时补充冷却液至膨胀罐最高标记处。

### 实训30　水泵与节温器的检修

**1. 水泵的拆卸**

(1)使发动机位于维修工作台上,排放冷却液。

(2)拆卸水泵驱动V形带,拆卸风扇电动机。
(3)拆下传动带的上、中防护罩,将曲轴调整到第一缸上止点位置。
(4)拆下凸轮轴上的传动带,但不必拆下曲轴V形齿带轮。保持齿形带在曲轴齿形带轮上。
(5)旋下螺栓,拆下齿形带后防护罩,旋下水泵,小心地将其拉出(图11-6)。

**2. 水泵的安装**

(1)清洁O形密封圈的密封表面,用冷却液浸湿新的O形密封圈。
(2)安装水泵,罩壳上的凸耳朝下。
(3)安装齿形带后防护罩。
(4)拧紧水泵螺栓至15N·m。
(5)安装齿形带(调整配气相位),安装驱动V形带。
(6)加注冷却液。

**3. 节温器的拆卸**

(1)使发动机前端位于维修工作台上。
(2)在点火开关切断的情况下,拔下蓄电池搭铁线。
(3)排放冷却液。
(4)拆卸V形带,拆卸发电机。
(5)从连接体上拆下冷却液管。
(6)松开螺栓,取出节温器盖、O形密封圈和节温器(图11-7)。

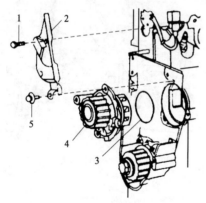 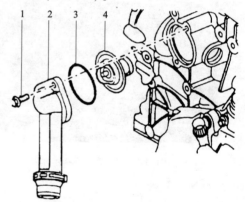

图11-6 拆卸水泵　　　　　　　　　　　图11-7 拆下节温器
1、5-螺栓;2-齿形带后防护罩;3-O形密封圈;4-水泵　　　1-螺栓;2-节温器盖;3-O形密封圈;4-节温器

**4. 节温器的检查**

在水中加热节温器,观察节温器阀门开启温度和升程。节温器开始打开温度约为(87±2)℃,结束打开温度约为120℃,节温器最大升程约为8mm。

**5. 节温器的安装**

(1)清洁O形密封圈的密封表面。
(2)安装节温器,节温器的感温部分必须在汽缸体内。
(3)用冷却液浸湿新的O形密封圈。

(4)拧紧螺栓,安装发电机。
(5)加注冷却液。

### 实训31　散热器的检修

**1. 检查散热器盖限压阀的功能**

将散热器盖套上检查仪(图11-8),用手动泵给限压阀充气使压力上升,在0.12~0.15MPa的压力时,限压阀必须打开。

**2. 检查散热器盖密封性**

(1)将散热器盖套在V.A.G1274/8上。
(2)使用手动真空泵使压力上升到约0.15MPa。在0.12~0.15MPa时,限压阀必须打开;在大于-0.01MPa(绝对压力0.09MPa)时,真空阀应打开。

### 七　冷却系检测考核要点与评分标准

冷却系检测考核要点和评分标准见表11-1。

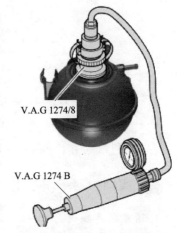

图11-8　检查散热器盖限压阀的功能

冷却系检测考核要点和评分标准　　　表11-1

| 序号 | 考核要点 | 分值 | 评分标准 | 考核记录 | 得分 |
|---|---|---|---|---|---|
| 1 | 正确使用工具、仪表 | 10 | 使用不当,1项扣5分 | | |
| 2 | 冷却液的检查与更换 | 20 | 操作不熟悉,1次扣3分;操作错误,扣5分 | | |
| 3 | 水泵与节温器的检修 | 40 | 操作不熟悉,1次扣3分;操作错误,扣5分 | | |
| 4 | 散热器的检修 | 20 | 操作不熟悉,1次扣3分;操作错误,扣5分 | | |
| 5 | 整理工具、清理现场<br>安全生产方面 | 10 | 每项未完成扣2分<br>因操作不当发生事故,记0分 | | |
| 6 | 分数合计 | 100 | | | |

# 项目十二　润滑系的检修

## 实训目标

（1）能正确使用各种工、量具完成对汽车润滑系统的检测。
（2）能熟练使用工具，拆检润滑系统各部件。
（3）能利用专用工具进行机油压力的检测。

## 实训内容

**1. 预习相关知识**

EA211 发动机润滑系统结构如图 12-1 所示。EA211 发动机润滑系统主要由密封凸缘/机油泵 5、防油挡板 7、油底壳 2、机油滤清器 13、吸油管 12 及油道等组成。

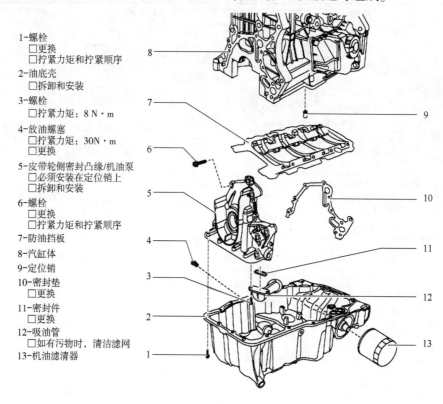

图 12-1　EA211 发动机润滑系统结构图

**2. 实训任务与课时分配**

本实训项目分为 4 个实训任务：润滑油的检查与更换、机油滤清器的更换、机油泵的检修、机油压力的检查与调整，共 8 学时。

### 三 实训器材

一汽大众速腾车辆、常用拆装工具、维修手册、润滑油、机油滤清器、机油压力检测仪、万用表等。

### 四 实训要求与注意事项

(1) 在满足厂家的生产规范及质量要求的前提下，对车辆进行相应的作业。
(2) 严格按照安全操作规程进行项目作业。
(3) 自觉按照文明生产规则进行项目作业。
(4) 努力按照环保要求进行项目作业。
(5) 翻转台架时，注意安全。

### 五 教学组织

**1. 教学组织形式**

分组教学。按照 4~5 个工位分组教学。每组 5~10 人。

**2. 实训教师职责**

通过 PPT 课件展示、教学视频播放和示范操作等教学手段，讲解发动机总成的装配与调试的操作步骤和相关注意事项；并组织学生进行分组实训操作：巡视、检查、指导和纠正学生操作中的错误；课堂总结；组织学生做好 5S 管理。

**3. 学生职责**

认真观看 PPT 课件和教学视频；完成教师布置的任务；做好课后的清洁、整理等 5S 管理工作。

### 六 操作步骤

#### 实训 32　润滑油的检查与更换

**1. 润滑油检查**

(1) 将车辆放置在水平地面上，起动发动机，运转至正常工作温度，然后熄火，等待 5min。
(2) 打开发动机舱盖，铺设室外保洁 3 件套。
(3) 将机油标尺从导管中拉出，并用干净抹布擦干净。
(4) 将机油标尺插入导管中，然后将机油标尺再次抽出，检查润滑油液面高度是否在规定刻度，如图 12-1 所示。
(5) 油量不足时，应补充相同牌号机油至规定位置，添加机油时，每次应加注少量机油，让机油流回油底壳，直到发动机机油尺的标记位置，切不可一次加注过量。

**2. 润滑油更换**

(1)将车辆放置在举升机上,支撑牢靠,并将车辆举升至合适高度(预先将机油加注口盖拆下)。

(2)将接油机推至油底壳下方,固定牢靠。

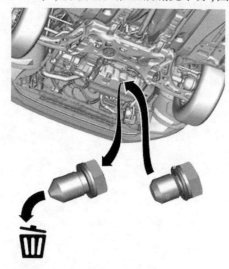

图 12-2 拆卸放油螺栓

(3)选用合适工具,拆下油底壳放油螺栓,如图 12-2 所示。

(4)将机油排放干净。

(5)更换放油螺栓,按规定力矩拧紧放油螺栓。

(6)降下车辆,加注规定型号的机油(加注机油前,先进行机油滤清器更换)。

(7)检查机油标尺,查看机油加注量是否位于图 2-1B 区。

(8)起动发动机,运转 3min,然后熄火,静置车辆,使机油全部流回到油底壳。

(9)再次检查机油加注量是否在规定区域,若机油量不足慢慢加注,切勿加注过量。

(10)举升车辆,检查油底壳紧固螺栓处是否漏油。

(11)降下车辆,整理场地。

## 实训 33　机油滤清器的更换

该任务跟机油排放同步进行:

(1)排放完机油后降下车辆,选用合适工具拆卸机油滤清器,拆卸前在机油滤清器下面垫好抹布,防止机油漏到地面上,如图 12-3 所示。

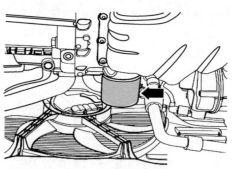

图 12-3 拆卸机油滤清器

(2)将拆下的机油滤清器放置到指定的废物收集装置中。

(3)检查并清洁机油滤清器底座,用干净抹布清洁底座上的油污。

(4)更换新的机油滤清器,在机油滤清器的衬垫上涂抹一层干净的润滑油。

(5)将新的机油滤清器安装到机油滤清器底座上。

(6)用机油滤清器专用扳手配合预置式扭力扳手以 20N·m 力矩拧紧机油滤清器。

(7) 用干净抹布清洁机油滤清器安装位置的油污。
(8) 整理场地,收拾工具。

## 实训34　机油泵的检修

**1. 机油泵拆卸**

(1) 拆卸发动机油底壳:按照图12-4所示19~1的顺序松开油底壳紧固螺栓,并取下螺栓。

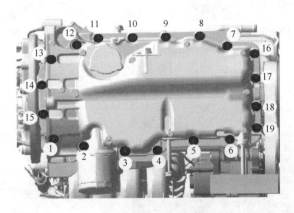

图12-4　油底壳螺栓拆卸顺序
1~19—螺栓编号

(2) 小心地将油底壳从黏结面上取下。
(3) 取下防油挡板。
(4) 沿图示箭头取下正时齿形带轮1,如图12-5所示。

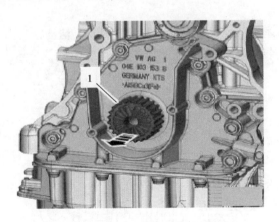

图12-5　正时齿形带轮
1—齿形带轮

(5) 按顺序拧出螺栓1~8,小心地将密封凸缘/机油泵从黏结面上取下,如图12-6所示。
(6) 将密封凸缘/机油泵工作面朝上安全放置。

**2. 机油泵检测**

EA211发动机采用容积可调式机油泵,其结构图和实物图如图12-7和图12-8所示。

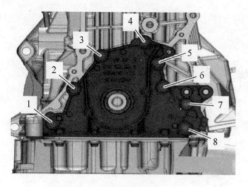 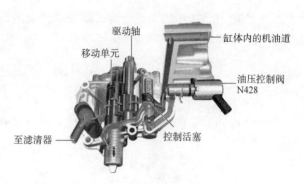

图12-6 密封凸缘/机油泵　　　　　　　　　图12-7 机油泵结构图
1~8-螺栓编号

机油泵的主要损伤是零件磨损,主要检修齿轮的端面间隙,如图12-9所示,一般为0.05~0.14mm,不超过0.15mm。

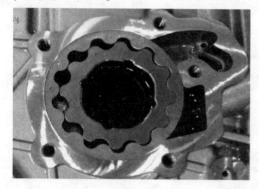 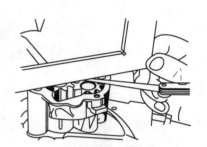

图12-8 机油泵实物图　　　　　　　　　图12-9 机油泵端面间隙检测

**3. 安装机油泵**

(1)清除汽缸体和密封凸缘/机油泵上的残余密封剂,清洁密封面的油脂。
(2)将密封垫1安装到汽缸体的定位销上,如图12-10箭头所示。

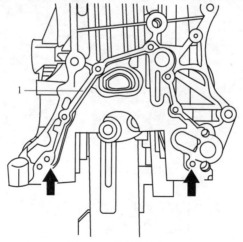

图12-10 密封垫定位销
1-密封垫

(3)安装密封凸缘/机油泵,使密封凸缘/机油泵上的凹槽箭头 A 与曲轴上的凸缘箭头 B 对齐,并小心地安装到定位销上,如图 12-11 所示。

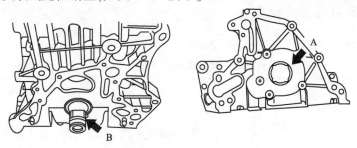

图 12-11　机油泵安装标记

(4)拧紧紧固螺栓 1~8,图 12-6 所示。
(5)装上防油挡板。
(6)按图 12-4 所示 1~19 顺序,分两次安装油底壳紧固螺栓,拧紧力矩为 8N·m + 90°。
(7)加注发动机机油,检查机油液面高度。

## 实训 35　机油压力的检查与调整

(1)检测机油液面高度是否正常。
(2)运转发动机使机油温度至少达到 80℃。
(3)拆下机油压力开关 F1,拔下箭头所示插头,操作过程中,把抹布放在下面,以接住溢出的机油,如图 12-12 所示。
(4)将机油压力开关旋入机油压力检测装置中,如图 12-13 所示。

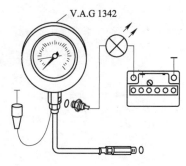

图 12-12　机油压力开关拆卸　　　图 12-13　机油压力检查

(5)将检测装置取代发动机机油压力开关,旋入汽缸盖。
(6)将检测装置的棕色导线接地。
(7)用辅助检测装置 VAG1594C 中的导线将电压检测仪 VAG1527B 连接至蓄电池正极和机油油压开关上。
(8)如果发光二极管亮起,更换压力开关 F1。
(9)如果发光二极管不亮,起动发动机并慢慢提高转速,在 0.3~0.7bar 压力时发光二极管必须发亮,否则更换机油压力开关。

(10)继续提高转速,在2000r/min且机油温度为80℃时,机油压力至少达到2.0bar。

## 七 考核要点与评分标准

机油泵的检修考核要点与评分标准见表12-1。

机油泵的检修考核要点与评分标准　　　　　　表12-1

| 序 号 | 项 目 | 配 分 | 考 核 要 点 | 扣 分 | 得 分 | 考核记录 |
|---|---|---|---|---|---|---|
| 1 | 安全文明操作 | 5 | 遵守安全操作规程 | | | |
| | | | 正确使用工、量具 | | | |
| | | | 现场5S管理 | | | |
| 2 | 操作过程 | 20 | 润滑油的检查与更换 | | | |
| | | 20 | 机油滤清器的更换 | | | |
| | | 20 | 机油泵的检修 | | | |
| | | 25 | 机油压力的检查与调整 | | | |
| 3 | 任务完成情况 | 10 | 任务完成时间 | | | |
| | | | 任务完成质量 | | | |
| 4 | 得分 | 100 | | | | |

# 项目十三　发动机总成的装配与调试

## 一　实训目标

(1) 掌握发动机曲轴飞轮组、活塞连杆组、汽缸盖及相关零部件的装配。
(2) 掌握机油泵、喷油器及其他相关零部件的安装。
(3) 掌握正时传动带及其相关零部件、发动机附件的安装。

## 二　实训内容

**1. 预习相关知识**

由于发动机结构不同,各维修厂的技术条件也有差异,所以不可能有完全相同的发动机装配工艺。发动机的装配与拆卸一样,应按照各制造厂维修手册中规定的程序去做。

**2. 实训任务与课时分配**

本实训项目分为两个实训任务:发动机的装配、发动机总成的安装与调试,分别用 8 个课时。

## 三　实训器材

EA211 发动机、发动机翻转架、常用工具和大众专用工具、维修手册、机油、抹布等。

## 四　实训要求与注意事项

(1) 发动机的安装工艺直接影响了发动机的性能,所以装配过程中应该严格按照规范的工艺流程进行操作。
(2) 复检零部件、辅助件总成,性能试验合格。
(3) 易损零件、紧固锁止件全部换新,如自锁螺母、弹簧垫片、汽缸盖螺栓、主轴承盖螺栓等。
(4) 严格保持零件、润滑油道清洁。
(5) 做好零件配合表面的润滑;润滑剂品质符合发动机工作要求。
(6) 不许互换配合位置的零件,严格按装配标记装配。零件的平衡配重位置正确,固定可靠。
(7) 尽量使用专用器具装配,按规定紧固力矩、紧固方法和顺序紧固螺栓。
(8) 装配间隙必须符合技术条件。
(9) 实训学生穿戴整齐,按实训要求穿好工装、防护鞋。

## 五 教学组织

**1. 教学组织形式**

分组教学。按照4~5个工位分组教学。每组5~10人。

**2. 实训教师职责**

通过PPT课件展示、教学视频播放和示范操作等教学手段,讲解发动机总成的装配与调试的操作步骤和相关注意事项;并组织学生进行分组实训操作;巡视、检查、指导和纠正学生操作中的错误;课堂总结;组织学生做好5S管理。

**3. 学生职责**

认真观看PPT课件和教学视频;完成教师布置的任务;做好课后的清洁、整理等5S管理工作。

## 六 操作步骤

### 实训36 发动机的装配

**(一)曲轴飞轮组的装配**

EA211发动机修理过程中,不允许拆卸曲轴,松开曲轴轴承盖的螺栓将导致汽缸体轴承座变形。由于变形使轴承间隙变小,即使不更换轴承,也会因为轴承间隙的变化而引起轴承损坏,如已松开轴承盖螺栓,则必须更换汽缸体和整个曲轴。

**(二)活塞连杆组的装配**

(1)用颜色标记出汽缸与活塞顶部的对应关系,以便重新安装活塞,不用通过冲压、切割或类似的方法标记活塞顶部,活塞顶部的箭头指向传动带轮侧,如图13-1所示。

(2)清洁活塞连杆组各零部件,并润滑连杆轴承、活塞环、活塞环槽、活塞销、活塞销座孔、活塞裙部等部位。

(3)用芯轴VW222A,将活塞销6敲入活塞销座孔,安装两个新卡环5,如图13-2所示。

(4)用活塞环钳安装油环9,标记"TOP"或字标侧对准活塞,如图13-2所示。

(5)用活塞环钳安装两道气环8,标记"TOP"或字标侧对准活塞顶部,两道气环开口相隔180°,且与活塞销轴线呈45°夹角;下部气环与油环错开120°夹角,如图13-2。

(6)更换新轴承,将轴承居中装入连杆和连杆轴承盖内,图13-3所示,尺寸 $a$ 必须一致。

(7)按照标记装入对应汽缸的活塞连杆组。用活塞环张紧器安装活塞,注意安装位置,连杆轴承盖上的凸耳A对准传动带轮侧,如图13-2所示。

(8)更换连杆轴承盖紧固螺栓,用机油润滑螺纹和支撑面,拧紧力矩30N·m,拧动90°。

(9)利用铜棒轴向敲击连杆大端,验证轴向间隙;转动曲轴一圈,检查曲轴运转是否灵活,以验证活塞连杆组装配状况。

(10)利用相同方法装配其他各缸的活塞连杆组。

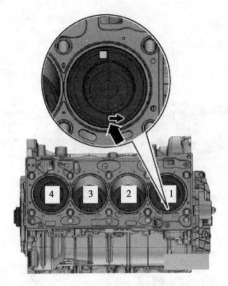

图 13-1　活塞装配标记
1~4-汽缸编号

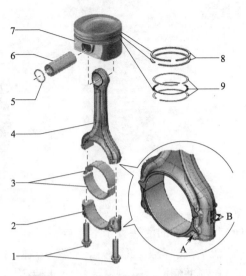

图 13-2　活塞连杆装配图
1-连接螺栓;2-连杆盖;3-连杆轴承;4-连杆;5-卡环;
6-活塞销;7-活塞;8-第一道气环;9-第二道气环

## (三)汽缸盖的装配

(1)清洁并润滑进排气门、气门杆密封环、气门弹簧、气门弹簧座及气门锥形锁夹。

(2)将气门杆密封环安装在气门杆上,依次放置气门弹簧5、气门弹簧座6,并使用气门弹簧钳收紧气门弹簧,安装气门锥形锁夹7,如图13-4所示。气门弹簧小直径侧 $a$ 指向气门弹簧座,大直径侧 $b$ 指向汽缸盖,图13-5所示。

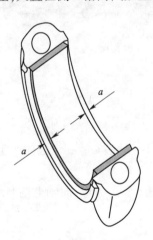

图 13-3　连杆轴承安装

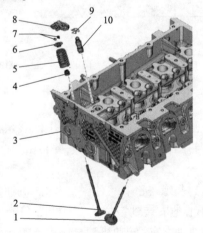

图 13-4　气门装配
1,2-进排气门;3-汽缸盖;4-气门弹簧下座圈;5-气门弹簧;6-气门弹簧座;7-气门锁夹;8-滚子摇臂;9-密封件;10-气门导管

(3)小心的清除汽缸盖和汽缸体上的密封残余物,不要产生长的划伤或刮痕。

(4)用压缩空气吹净汽缸体盲孔内的机油或冷却液,操作时用抹布盖住气枪,防止液体飞溅。

(5)更换新的汽缸垫,装入图13-6所示汽缸体上的定位套中,必须在进气侧能读到汽缸垫的零件号。

图13-5 气门弹簧装配图

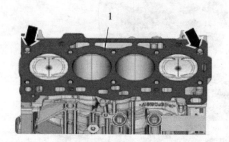

图13-6 汽缸垫装配

(6)将汽缸1的活塞置于上止点,并略向回转动曲轴。

(7)清洁汽缸盖下结合平面,放置在汽缸体上。

(8)更换并润滑汽缸盖紧固螺栓,用手旋入10个汽缸盖螺栓。

(9)按照图13-7中1~10的顺序分次拧紧螺栓。

汽缸盖螺栓拧紧力矩和拧紧顺序

[i] 提示

更换需要继续旋转特定角度的螺栓。

— 按所示顺序分步拧紧螺栓:

| 步骤 | 螺栓 | 拧紧力矩/继续旋转角度 |
| --- | --- | --- |
| 1. | 1…10 | 40N·m |
| 2. | 1…10 | 继续旋转90° |
| 3. | 1…10 | 继续旋转90° |
| 4. | 1…10 | 继续旋转90° |

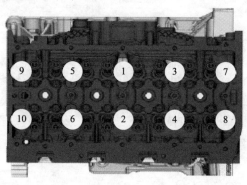

1~10-螺栓编号

图13-7 汽缸盖螺栓拧紧顺序

### (四)机油泵及油底壳的装配

(1)清除汽缸体和密封凸缘/机油泵上的残余密封剂,并清洁密封面的油脂。

(2)更换密封凸缘/机油泵密封垫,并将密封凸缘/机油泵密封垫安装到汽缸体的定位销上(图12-10)。

(3)安装密封凸缘/机油泵,使密封凸缘/机油泵上的凹槽(箭头A)与曲轴上的凸缘(箭头B)对齐,并小心地安装到定位销上(图12-11)。

(4)在安装机油泵前,转动机油泵检查是否运转灵活。

(5)更换密封凸缘/机油泵紧固螺栓,按照图示顺序,分次拧紧螺栓(图12-6)。

(6)转动发动机翻转架,使汽缸体下平面朝上。

(7)清洁:

①盖住露出的发动机零件,在密封面上喷涂密封剂清除剂并让清除剂作用一段时间,用一把平刮刀清除汽缸体上的密封剂残余物。

②用可旋转的塑料刷来清除油底壳上的密封剂残留物,清除密封面的机油和油脂(图13-8)。

(8)在油底壳干净的密封面上涂敷密封剂条,厚度2~3mm(图13-9)。

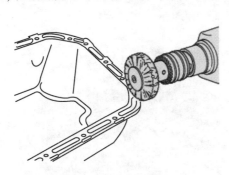
图13-8 油底壳清洁

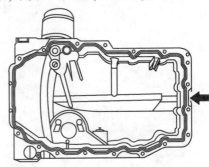
图13-9 油底壳密封

(9)检查定位销2是否固定在汽缸体上,将防油挡板安装在汽缸体上,如图13-10所示。

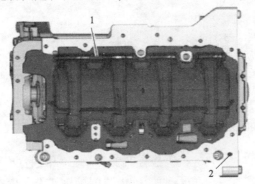
图13-10 安装防油挡板

(10)安装油底壳,按照图13-11所示顺序和力矩分两次拧紧螺栓。

油底壳螺栓拧紧力矩和拧紧顺序
– 按所示顺序分两次拧紧螺栓:

| 步骤 | 螺栓 | 拧紧力矩 |
| --- | --- | --- |
| 1. | 1…19 | 用手拧到底 |
| 2. | 1…19 | 8N·m+继续旋转90° |

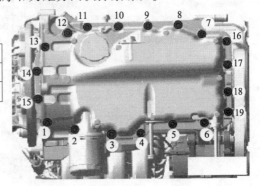

图13-11 油底壳装配
1~19-螺栓编号

### (五)正时机构装配

(1)使用压缩空气清洁图13-4所示汽缸盖液压补偿元件10及滚子摇臂8得16个安装孔并涂敷润滑油,清洁16个汽缸盖液压补偿元件及滚子摇臂。

（2）按照摆放顺序安装液压补偿元件及滚子摇臂，检查是否所有的滚子摇臂都正确安装在气门杆末端上，并卡入各自的补偿元件上，润滑滚子摇臂的滚动面。

（3）更换凸轮轴箱垫21、密封件10及带机油滤网的密封件2，如图13-12所示。

（4）更换并安装凸轮轴箱密封垫，安装于图13-13所示箭头的定位销上。

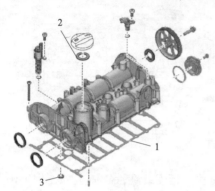

图13-12　凸轮轴箱装配图
1-箱垫；2,3-密封件

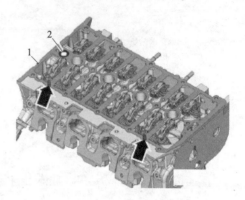

图13-13　凸轮轴箱密封垫安装图
1-凸轮轴箱；2-密封垫

（5）将（M6×80）的无头螺栓拧入汽缸盖（图13-14）。

（6）小心、垂直地将凸轮轴箱从上方沿两个无头螺栓导入，直至将其与汽缸盖表面贴合紧密。

（7）按图13-15所示，更换并拧紧凸轮轴箱螺栓。

（8）安装正时齿形皮带：

①检查曲轴和凸轮轴的上止点位置是否正确：拆下火花塞，将千分表适配接头T10170N旋入火花塞螺纹孔中直至极限位置，再将带延长件T10170N/1的千分表插入T10170接头中，并锁紧图13-16所示箭头螺母。

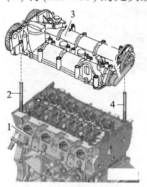

图13-14　凸轮轴箱安装
1-凸轮轴箱底座；2,4-螺栓；3-凸轮轴箱盖

②沿发动机运转方向转动曲轴，直到第一缸的上止点，并记下千分表指针位置。

③在凸轮轴箱上安装凸轮轴固定装置T10477，T10477安装时必须能够轻松装入，否则调整凸轮轴，如图13-17所示。

凸轮轴箱螺栓拧紧力矩和拧紧顺序
[i] 提示
更换需要继续旋转特定角度的螺栓。
– 按所示顺序分两次拧紧螺栓：

| 步骤 | 螺栓 | 拧紧力矩/继续旋转角度 |
|---|---|---|
| 1. | 1…15 | 10N·m |
| 2. | 1…15 | 继续旋转180° |

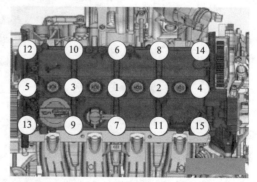

图13-15　凸轮轴箱螺栓紧固
1~15-螺栓编号

项目十三  发动机总成的装配与调试

图13-16  检查上止点

图13-17  T10477装配

④拧出汽缸体上的"上止点"孔的螺旋塞,将固定螺栓T10340拧入汽缸体中,直至限位位置,用30N·m的力矩拧紧,并沿发动机运行的方向转动曲轴,直至限位位置使曲轴不能转动,如图13-18所示。

⑤拧入新的凸轮轴齿形皮带轮螺栓,但不拧紧,凸轮轴上的齿形皮带轮必须能转动,但是不得翻落,图13-19。

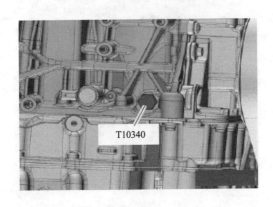
图13-18  "上止点"限位位置

图13-19  齿形皮带轮螺栓
1,2-螺栓

⑥安装张紧轮,张紧轮的凸缘应按图13-20所示箭头,必须嵌入到汽缸体的铸造凹坑中,安装导向轮。

⑦清洁曲轴正时齿形皮带轮,将曲轴正时齿形皮带轮正确地安装到曲轴上:曲轴正时齿形皮带轮上的铣削平面如图13-21箭头所示,必须与曲轴轴径的铣削平面对应。

⑧正确安放正时齿形皮带,如图13-22所示:向上拉正时齿形皮带,将其置于导向轮1、张紧轮2、排气凸轮轴齿形皮带轮3和进气凸轮轴齿形皮带轮4上。

⑨用梅花扳手SW30-T10499沿箭头方向转动张紧轮的偏心轮,直至设定指针向右偏离设定窗口约10mm,沿箭头相反的方向转动偏心轮,直到设定指针正好位于设定窗口,将偏心轮固定在这个位置,用扳手接头T10500和扭矩扳手拧紧螺栓,如图13-23所示。

⑩用固定支架T10172固定凸轮轴正时齿形皮带轮,以50N·m的力矩拧紧螺栓,图13-19所示,然后拧出固定螺栓T10340和凸轮轴固定装置T10477。

图 13-20　安装张紧轮

图 13-21　正时齿形皮带轮装配记号

图 13-22　正时齿形皮带轮安装顺序
1-导向轮；2-张紧轮；3-排气凸轮轴齿形皮带轮；
4-进气凸轮轴齿形皮带轮

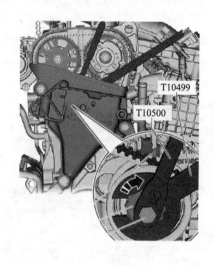

图 13-23　偏心轮紧固

### （六）安装正时齿形皮带护罩和减振器/曲轴皮带轮

（1）安装下部正时齿形皮带护罩1，图13-24所示。

（2）减振器/曲轴皮带轮安装。

①清洁减振器和曲轴正时齿形皮带轮。

②安装减振器/曲轴皮带轮，用手拧入涂抹了油脂的减振器/曲轴皮带轮的新螺栓。

③用专用工具3415N固定减振器/曲轴皮带轮，如图13-25所示，拧紧固定螺栓，拧紧力矩150N·m，拧转180°。

（3）正确安装发动机支撑件3，如图13-24所示。

（4）正确安装上部齿形皮带护罩5，如图13-24所示。

项目十三　发动机总成的装配与调试

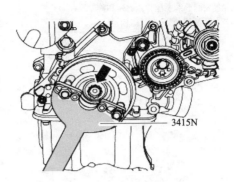

图13-24　正时齿形皮带护罩　　　图13-25　安装减振器/曲轴皮带轮

**(七) 安装多楔皮带**

(1) 正确安装图13-26所示三相交流发电机3,更换固定螺栓,拧紧力矩23N·m。

(2) 安装多楔皮带张紧装置:安装多楔皮带张紧装置固定支架,更换固定螺栓,紧固螺栓力矩20N·m+90°,安装多楔皮带张紧装置2,更换固定螺栓,紧固螺栓力矩30N·m,如图13-26所示。

(3) 正确安装图13-26所示空调压缩机4,更换固定螺栓,拧紧力矩23N·m。

(4) 正确放置多楔皮带,如图13-26所示。

(5) 使用专用工具和扳手配合,沿箭头相反方向转动张紧轮,检查多楔皮带张紧力,将多楔皮带装复,如图13-27所示。

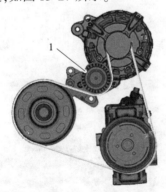
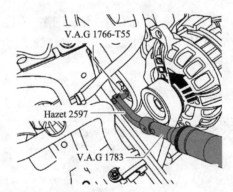

图13-26　多楔皮带张紧装置　　　图13-27　多楔皮带装复
1-张紧轮

**(八) 装配飞轮**

(1) 安装图13-28所示飞轮侧密封凸缘。

(2) 将垫板挂在密封凸缘上部,图13-29所示箭头位置,并推到定位套下部箭头所示位置。

(3) 将飞轮安装到汽缸体上,如图13-30所示,并用专用夹具3067固定住。

(4) 按对角线方式,分两次拧紧飞轮紧固螺栓,拧紧力矩为60N·m+90°。

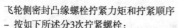

飞轮侧密封凸缘螺栓拧紧力矩和拧紧顺序
– 按如下所述分3次拧紧螺栓：

| 步骤 | 螺栓 | 拧紧力矩 |
|---|---|---|
| 1. | 1…6 | 用手拧到底 |
| 2. | 1…6 | 以交叉方式分步拧紧，最后以10N·m的力矩拧紧 |

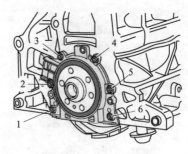

图 13-28　飞轮侧密封凸缘装配
1～6-螺栓

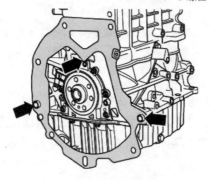

图 13-29　垫板安装

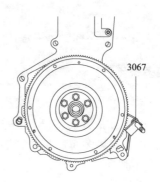

图 13-30　安装飞轮

### （九）发动机外部装置的安装

**1. 安装进气歧管**

（1）将进气歧管安装到缸体上，并紧固图 13-31 箭头螺栓，拧紧力矩 10N·m。

（2）将节气门控制单元 1 安装到进气歧管上，并紧固箭头所示螺栓，拧紧力矩 7N·m，如图 13-32 所示。

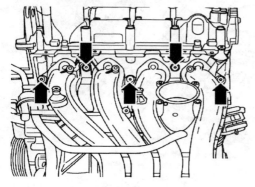

图 13-31　安装进气歧管

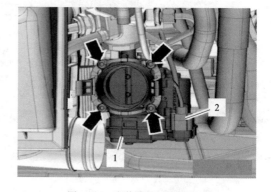

图 13-32　安装节气门控制单元
1-节气门控制单元；2-接头

（3）将带燃油阀的燃油分配器放到进气歧管上，然后将其均匀压入，并检查燃油阀安装位置是否正确，用紧固螺钉将燃油分配器安装到进气歧管上，拧紧力矩 7N·m，如图 13-33 所示。

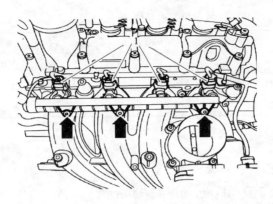

图 13-33　安装喷油阀
1-螺钉

**2. 安装空气滤清器**

如图 2-5 和图 2-6 所示。

**3. 安装排气歧管**

**4. 安装火花塞**

依次安装 4 个火花塞,如图 2-20 所示,火花塞拧紧力矩 22N·m。

**5. 安装点火线圈**

依次安装 4 个带功率输出级的点火线圈,如图 2-19 所示,拧紧力矩 8N·m。

## 实训 37　发动机总成的安装与调试

### (一)注意事项

发动机的结构形式很多,整机装配程序也不完全一致,但是在发动机装配时须满足的基本要求是一致的:

(1)复检零部件、辅助总成,性能试验合格。

(2)易损零件、紧固锁止件全部换新,如自锁螺母、弹簧垫片等。

(3)严格保持零件、润滑油道清洁。

(4)做好预润滑,预润滑剂必须清洁;品质符合发动机工作要求。

(5)不许互换配合位置的零件,严格按装配标记装配。零件的平衡配重位置正确,固定可靠。

(6)使用专用器具装配,按规定紧固力矩、紧固方法和顺序紧固螺栓。拧紧力矩仅适用于略微涂上了润滑脂、润滑油、经过磷化处理或涂抹过黑色涂料的螺母和螺栓。

(7)装配间隙必须符合技术条件。

(8)对于所有的安装工作,特别是在空间狭窄的发动机舱中进行维修工作时,要注意如下事项:铺设各种管路(如燃油、液压系统、活性炭罐、冷却液和制冷剂、制动液、真空管路)和导线时不要改变导线和管路的原始走向。

(9)为了避免损坏导线,应确保它们与所有的运动部件和发热部件之间有足够的间隙。

(10)发动机主要螺栓、螺母拧紧力矩见表 13-1。

发动机主要螺栓、螺母拧紧力矩　　　　　　　　　　表 13-1

| 部 件 | 螺栓、螺母型号 | 拧紧力矩(N·m) | 部 件 | 螺栓、螺母型号 | 拧紧力矩(N·m) |
|---|---|---|---|---|---|
| 螺栓、螺母 | M6 | 9 | 螺栓、螺母 | M10 | 40 |
|  | M7 | 15 |  | M12 | 65 |
|  | M8 | 20 |  |  |  |

### (二)安装发动机总成

**1. 安装自动变速器**

将自动变速器安装于发动机上,如图 13-34 所示。

将自动变速器安装到发动机上

| 位置 | 螺栓 | 件数 | 拧紧力矩(N·m) |
|---|---|---|---|
| 2,3 | M12×55 | 2 | 80 |
| 4<sup>1)</sup> | M12×155 | 1 | 80 |
| 5<sup>1)</sup> | M12×170 | 1 | 80 |
| 6 | M12×65 | 1 | 40 |
| 7,8 | M12×55 | 2 | 40 |
| 1,9 | M12×70 | 2 | 80 |

1)用于起动电机。

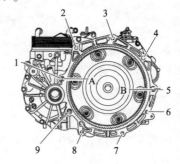

图 13-34　安装变速器
1~9-螺栓编号

(1)所有被拧至一定角度的螺栓、密封环和密封件,均需要更换。
(2)用符合标准的弹簧卡箍固定住所有的软管连接。
(3)安装过程中,将导线扎带扎在原始位置复原。

**2. 安装垫板**

(1)将垫板挂到密封凸缘上(箭头上部),然后推到定位套上(箭头下部),如图 13-35 所示。
(2)将变速器装到发动机上。
(3)装配发动机机组支承件,拧紧发动机支座与发动机支承件的连接螺栓,如图 13-36a)所示,拧紧变速器支座与变速器支承件的连接螺栓 1(图 13-36b),在安装机组支承时才最终将螺栓拧紧。

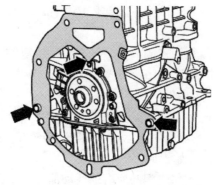

图 13-35　安装垫板

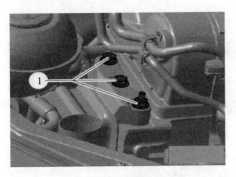

a)发动机支座与支撑件连接螺栓　　　　　　　　b)变速器支座与支撑件的连接螺栓

图 13-36　发动机、变速器支座与支撑件的连接螺栓

1-螺栓

**3. 安装起动机**

如图 13-37 所示,安装好起动机。

**4. 安装选挡杆拉索**

如图 13-38 所示,安装好选挡杆拉索。

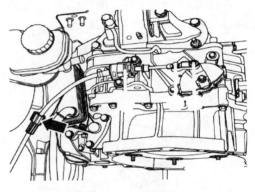

图 13-37　安装起动机　　　　　　　　图 13-38　换挡杆拉索

**5. 安装带尾气净化催化器的排气前管**

(1)将带尾气净化器的排气前管以合适的角度装到发动机缸盖集成的排气管上,并拧紧夹紧套,如图 13-39 所示。

(2)装上排气装置固定环,如图 13-40 所示。

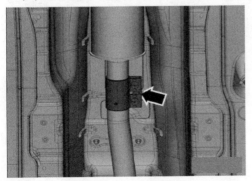
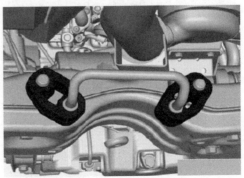

图 13-39　排气前管夹紧套　　　　　　　　图 13-40　排气装置固定环

（3）安装支架，拧紧箭头 C 处螺栓，再安装箭头 A、B 处螺栓，如图 13-41 所示。

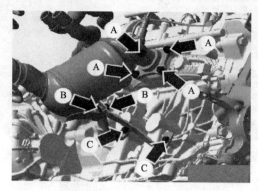

图 13-41　排气前管固定螺栓

**6. 安装传动轴**

**7. 电气连接和电器敷设**

**8. 安装 Motronic 控制单元 J220**

先将 J220 插头 1 和 2 的锁止件沿图 13-42a）图示箭头相反方向翻转，直至锁止，再将 J220 压入防松卡中（图 13-42b）。

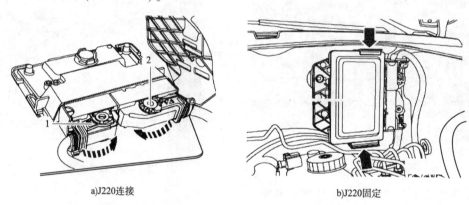

a)J220连接　　　　　　　　　　　　b)J220固定

图 13-42　J220 安装

**9. 安装摆动支承**

安装顺序及拧紧力矩，如图 13-43 所示。

摆动支承螺栓拧紧力矩和拧紧顺序
ℹ️ 提示
更换需要继续旋转特定角度的螺栓。
- 按所示顺序分3次拧紧螺栓

| 步骤 | 螺栓 | 拧紧力矩/继续旋转角度 |
| --- | --- | --- |
| 1. | 2，3 | 30N·m |
| 2. | 1 | 40N·m |
| 3. | 1…3 | 继续旋转90° |

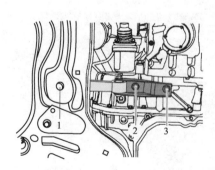

图 13-43　安装摆动支承
1～3-螺栓编号

**10. 检测动力总成支承的调整情况**

如图13-44所示，发动机支撑件2与发动机支座1之间必须留有10mm的间距，发动机支撑件2的铸造边必须与发动机支座1的支撑臂平行。

**11. 安装蓄电池支架**

**12. 加注机油，检查机油液位高度**

**13. 加注规定型号的冷却液，检查冷却液液面高度是否符合要求**

**14. 连接故障诊断仪**

连接故障诊断仪，清除存储在故障存储器中的任何故障代码，完成车辆系统测试。

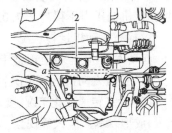

图13-44 动力总成支承调整
1-发动机支座；2-发动机支撑件

### (三) 发动机的调试

修理后的零部件，虽然其尺寸精度与表面粗糙度、几何误差都符合技术要求，但其表面仍具有一定的误差，再加上装配误差的影响，使零件的实际接触面积减小、单位压力也增加，在较大载荷作用下产生剧烈磨损，甚至发生烧蚀和黏着。装配发动机后，为了提高各配合零部件之间的表面质量、延长发动机使用寿命、降低初期磨损量，应对各机构的间隙以及运动要求调整到最佳状态，以得到最好的动力性和经济性，所以发动机装配后应进行磨合。

**1. 冷磨**

冷磨是由外部动力驱动总成或机构的磨合。冷磨的目的是对重要部位(如汽缸和活塞环、曲轴轴径与轴承等)进行的使表面平整光滑，建立能适应发动机正常工作的承载与表面质量要求的磨合过程。

冷磨时，将发动机安装在磨合架上，不装喷油器或火花塞。磨合时，一般采用低黏度的润滑油，避免磨合时发生溶着磨损，加强了清洗作用，使磨屑得到及时清除，也易补充到间隙小的部位。冷磨时，常在较稀的润滑油中加入15%~20%的煤油或轻柴油。为了改善磨合质量、缩短磨合时间，可在润滑油中添加硫、磷、石墨、二硫化铝等添加剂。

影响冷磨的重要因素是开始磨合时的转速，这是因为要保证主要摩擦表面得到充分的润滑。磨合的转速以550~600r/min为宜，然后在此基础上逐步增加，每一级以100~200r/min递增。磨合的负荷最好是从无到有、从小到大，逐渐增加。整个冷磨过程不得少于2h。冷磨后，放出全部润滑油，加入清洗油，再转动几分钟，彻底清洗零件表面和润滑油道，最后放出清洗油。

**2. 热试**

热试是将冷磨后的发动机装上全部附件后起动，以怠速运转。热试除了进一步磨合以外，主要是对发动机的工作进行检查调整。

热试时，转速不能过高，一般为1000~1400r/min，时间不少于1.5h，冷却液温度应保持在75~85℃。

1) 起动发动机，检查其起动性能

(1) 冷车起动：要求在环境温度低于-5℃时能顺利起动。

(2)热车起动:要求发动机正常工作温度下,5s 内能顺利起动。

2)检查燃油压力

在 2000r/min 且机油温度为 80℃时,EA211 发动机燃油压力不低于 2.0bar,发动机转速更高时,机油压力不得高于 7.0bar,否则应检查机油压力不正常的原因。

3)检查发动机运转状况

起动发动机,运转至正常工作温度:

(1)检查发动机运转工况:要求发动机怠速运转稳定,转速波动在 50r/min 内。

(2)检查转速变化工况:要求发动机转速改变时应过渡圆滑,突然加速或减速时,不得有回火、放炮、爆燃、断火等现象。

4)检查发动机运转时有无异响

5)检查发动机进气歧管真空度

要求发动机怠速运转时,进气歧管真空度为 57~70kPa。

6)检查发动机排放

要求发动机排放符合国Ⅳ排放标准。

7)检查发动机有无"四漏"

要求发动机运转过程中无漏气、漏水、漏油、漏电现象。

## 七 考核要点与评分标准

发动机的装配考核要点与评分表见表 13-2。发动机总成的安装与调试考核要点与评分表见表 13-3。

发动机的装配考核要点与评分标准　　表 13-2

| 序号 | 项目 | 配分 | 考核要点 | 扣分 | 得分 | 考核记录 |
|---|---|---|---|---|---|---|
| 1 | 安全文明操作 | 5 | 遵守安全操作规程 | | | |
| | | | 正确使用工、量具 | | | |
| | | | 现场 5S 管理 | | | |
| 2 | 操作过程 | 10 | 正确进行活塞连杆组装配 | | | |
| | | 15 | 正确进行汽缸盖的装配 | | | |
| | | 15 | 正确进行机油泵及油底壳的装配 | | | |
| | | 20 | 正确进行正时机构装配 | | | |
| | | 10 | 正确进行正时齿形皮带护罩和减振器/曲轴皮带轮装配 | | | |
| | | 10 | 正确进行多楔皮带装配 | | | |
| | | 5 | 正确进行飞轮装配 | | | |
| | | 5 | 正确进行发动机外部装置的装配 | | | |
| 3 | 任务完成情况 | 5 | 任务完成时间 | | | |
| | | | 任务完成质量 | | | |
| 4 | 得分 | 100 | | | | |

发动机总成的安装与调试考核要点与评分表　　　　　表13-3

| 序号 | 项目 | 配分 | 考核要点 | 扣分 | 得分 | 考核记录 |
|---|---|---|---|---|---|---|
| 1 | 正确使用工量具 | 10 | | | | |
| 2 | 完成发动机总成在汽车上的安装 | 40 | 操作规范、熟练 | | | |
| 3 | 能操作或叙述发动机总成的调试 | 40 | 操作或叙述规范、熟练 | | | |
| 4 | 遵守安全操作规程 | 10 | 发生安全隐患,记0分 | | | |
| | 现场5S管理 | | 整理场地、清洁工具 | | | |
| 5 | 得分 | 100 | | | | |

# 项目十四 发动机常见故障诊断与排除

## 实训目标

（1）掌握发动机异响故障的诊断与排除方法。
（2）掌握汽油发动机常见故障的诊断与排除方法。
（3）掌握柴油发动机常见故障的诊断与排除方法。

## 实训内容

### （一）预习相关知识

发动机是汽车最重要的总成之一，它为汽车的行驶提供动力。汽车发动机的种类有很多，而汽车发动机故障也是多种多样，如果汽车发动机出现故障将影响汽车的行驶，情况严重的将危及驾驶员生命安全。因此，有必要了解汽车发动机故障的诊断与排除方法，保障汽车行驶安全及延长发动机的使用寿命。

**1. 缸体、缸盖变形**

故障现象：
（1）发动机排气管冒白烟。
（2）怠速运转时，打开水箱盖看到水箱冒气泡。
（3）缸压低。

故障原因：
（1）缸体在铸造和机械加工时，有残余应力，由于零件的时效处理不足，造成内应力很大，高温时内应力重新分布。
（2）曲柄连杆机构往复运动产生的力作用在汽缸体上，导致汽缸承受拉压、弯曲和扭转作用，使汽缸体平面翘曲变形。
（3）在拧紧汽缸盖螺栓时，不按规定顺序拧紧，扭力过大或不均匀，或在高温下拆卸汽缸盖。
（4）发动机长期在高转速、大负荷条件下工作，润滑不足、烧轴承抱曲轴等导致汽缸体变形、轴承座孔中心线的变化。

**2. 汽缸体与汽缸盖的裂纹**

故障现象：
（1）发动机排气管冒白烟。
（2）怠速运转时，打开水箱盖看到水箱冒气泡。

(3)缸压低。

故障原因：

(1)汽缸体与汽缸盖水套壁较薄。

(2)水垢集聚过多而散热不良。

(3)缸体结冰冻裂、冷热急剧变化、碰撞受振。比如：缸盖的排气门座属于应力集中的薄弱部位，水垢的隔热作用使散热条件进一步恶化，热应力过大，在应力集中的作用下就容易产生裂纹。

(4)铸造时的残余应力影响。

(5)发动机在高速运转时的惯性、热应力、汽缸体受交变应力作用等原因，使水套壁产生裂纹。

(6)气门座、汽缸套镶配次数过多，压配工艺不当或过盈量过大。

### 3. 汽缸垫烧蚀

故障现象：

(1)汽车发动机运转不平稳，排气管有"突、突"的响声。

(2)发动机工作性能变坏，动力下降，转速不能提高。

(3)相邻两缸窜气，汽缸压力低，有时进气管回火，排气管放炮。

(4)汽缸垫水道处窜气，致使发动机散热器内有气泡。

(5)冷却液漏入汽缸内，发动机排气管冒白烟，发动机难以起动。

(6)冷却液漏入曲轴箱，使润滑油油面升高，且变质。

(7)发动机温度高，有时在发动机外部汽缸垫边缘有漏水之处。

故障原因：

(1)汽缸盖螺栓拧紧力不均匀，或拧紧力不够。

(2)汽缸体和汽缸盖接合面变形。

(3)发动机经常在大负荷、点火过早、发动机过热、爆震等情况下运行。

(4)汽缸垫本身质量问题。

故障诊断：

及时拆检更换汽缸垫，必要时研磨汽缸盖平面。

### 4. 冬季常见故障分析与排除

冬季冷车状态的常见故障有3个：冷车不易起动、冷车发动机怠速抖动及冷车加速不良，许多维修人员在遇到这些故障时不知如何下手，下面我们对这3种"冷车"故障进行分析和解决。

(1)冷车不易起动。

①起动系统故障，如蓄电池电能不足、起动机损坏或起动机电路存在故障。

②发动机机械故障，如进气管漏气，活塞与汽缸之间封闭不良，以及气门关闭不严导致汽缸压力低。

③进气门背部及进气管内积炭过多，导致喷入的汽油被积炭吸附而不能进入燃烧室。

④发动机管理系统故障，如转速传感器信号弱，冷却液温度信号不正确，以及线路接触不良等。

⑤点火系统存在故障,如火花塞积炭过多或间隙不正确,高压线漏电,以及点火线圈损坏等。

⑥供油系统故障,如燃油系统保持压力不足,喷油器泄漏或堵塞等。

(2)冷车发动机怠速抖动。

①发动机机械故障,如各汽缸压力低等。

②进气系统故障,如进气管漏气等。

③进气门背部及进气管内积炭过多等。

④发动机管理系统故障,如冷却液温度、进气温度信号不正确,线路存在故障等。

⑤点火系统存在故障,如火花塞积炭过多或间隙不正确,高压线、分电器盖漏电,以及点火线圈损坏等。

⑥供油系统故障,如喷油器内部胶质积炭过多造成喷油器关闭不严或堵塞等。

(3)冷车加速"游车"。

①发动机机械系故障,如汽缸压力低导致发动机功率下降,在冷车状态更为突出。

②进气门背部及进气管内积炭过多,导致喷入的汽油被积炭吸附而不能进入燃烧室。

③发动机管理系统故障,如冷却液温度、进气温度信号不正确,线路故障等。

④点火系统存在故障,如火花塞积炭过多或间隙不正确,高压线、分电器盖漏电,点火线圈损坏等。

⑤供油系统故障,如喷油器内部胶质积炭过多造成喷油器关闭不严或堵塞等。

故障对策:对以上3个故障的诊断应遵循先电器后机械、先简后繁的原则进行,如果发动机同时存在热车不易起动、热车怠速抖动及热车加速不良的"三热故障",则应首先排除。诊断步骤如下:

(1)对发动机外观进行检查,检查真空管、线束插头有无脱落,是否有漏气、漏电、漏油及漏水现象。

(2)使用故障诊断仪查询故障码和数据流。

(3)用万用表、示波器等设备进行测量。

(4)根据以上检查确定故障原因和部件,进行维修或更换配件。

(5)排除故障后再次用以上设备进行检测。

(6)再现故障发生条件进行试验或路试。

**5. 柴油机故障诊断与排除方法**

观察柴油机排气烟色,判断柴油机的工作是否出现故障,是一种简单易行和有效的方法。

发动机在正常工作温度下,其排气烟色应该是无色或淡灰色,所谓无色不是完全无色,不能像汽油机那样无色,而是在无色中伴有淡淡的灰色,这是正常排气烟色;发动机在怠速时排气烟色可能重一些,在高速高负荷时也可能重一些,要注意观察正常排气烟色,才能对非正常的排气烟色有清楚的了解。

排气冒黑烟:柴油机排气冒黑烟主要是燃料过浓,可燃混合气形成不良或燃烧不完善等原因造成的。

蓝色烟:排气蓝色烟,一般是发动机使用日久,慢慢开始烧机油引起的,随着蓝色烟雾的加重,烧机油越来越多,就应考虑维修柴油机了。有时燃油中混有水分,或有水分漏入燃烧室中,引起燃烧的改变,柴油机会冒浅蓝色烟。

白色烟:白色烟是指排气烟色为白色,与无色不同,白色是水蒸气的白色。白色表示排烟中含有水分或含未燃烧的燃油成分。柴油机在寒冷天气运行时,发动机温度低,排气管温度也低,有水蒸气排出凝结成水汽形成白色烟,是正常现象。当发动机温度正常,排气管温度也正常时,仍然排出白色烟雾,说明发动机工作不正常,故障原因可能有:燃油中含有过多的水分;喷油泵压力过低;喷油器故障等使燃油在燃烧室中雾化不良、可燃混合气形成不良等引起的。

灰色烟:淡灰色烟,柴油机工作还算正常,但烟雾颜色加重呈灰色或接近于黑色就不正常了,除了上述排烟黑色的原因外,还可能有进气不畅即空气供给不好的原因。当取下进气管空气滤清器后,排气烟色由深变浅甚至变为无色时,就是空气滤清器堵塞了,应检查引起进气不畅的原因。

### (二)实训任务与课时分配

实训任务与课时分配见表14-1。

实训任务与课时分配　　　　表14-1

| 任务类别 | 任务内容 | 参考课时(h) | | |
|---|---|---|---|---|
| | | 理论课时 | 实训课时 | 合计 |
| 任务一 | 发动机异响故障的诊断与排除 | 2 | 2 | 4 |
| 任务二 | 汽油发动机常见故障的诊断与排除 | 2 | 2 | 4 |
| 任务三 | 柴油发动机常见故障的诊断与排除 | 2 | 2 | 4 |
| 共计:12课时 | | | | |

## 三 实训器材

发动机6台,相应的实训台架、诊断工具等。

## 四 实训要求与注意事项

(1)正确使用诊断工具。
(2)注意安全。
(3)不能损坏易损件。

## 五 教学组织

**1. 教学组织形式**

分组教学。按照4~5个工位分组教学。每组5~10人。

**2. 实训教师职责**

通过PPT课件展示、教学视频播放和示范操作等教学手段,讲解实训任务的操作步骤和相关注意事项;并组织学生进行分组实训操作;巡视、检查、指导和纠正学生操作中的错误;

课堂总结；组织学生做好5S管理。

**3. 学生职责**

认真观看PPT课件和教学视频；完成教师布置的任务；做好课后的清洁、整理等5S管理工作。

## 六 操作步骤

### 实训38　发动机异响故障的诊断与排除

一般情况下，发动机会伴随有轻微且有节奏的机械振动和排气声音，这种振动和声音都是相对不大的，属于一种正常现象。随着发动机工作时间的增加，发动机在运转的过程中出现间歇且无规律的碰撞声、摩擦声和强烈的振动声，即是被认为发动机工作中的不正常响声，主要是由于内部零件磨损松旷、受力变形或者维护不好所致。曲柄连杆机构常见的异响有：曲轴主轴承响、连杆轴承响、活塞敲缸响、活塞销肩及汽缸严重窜气的声音等。异响意味着发动机存在着故障。这些异响不仅引起机件的磨损加剧，而且还会影响到发动机的正常工作，有些响声若不及时排除，还有可能造成事故，因此，发动机出现异响要及时诊断，以便及时排除。异响的表现较为复杂，同时又受负荷、润滑条件、温度等诸多因素的影响，所以判断异响是一项技术性较强的工作，判断时除了应注意响声的不同外，还要注意在特定的条件下响声的特殊反映，响声的出现时机及响声的变化规律等，进而做进一步判断。下面就常见的发动机曲柄连杆机构的异响故障进行诊断与排除。

**1. 活塞敲缸**

异响描述：

发动机在运转中出现活塞敲缸，发出一种连续不断的金属碰击声，响声沉重发闷，听上去是"当当"响声。发动机冷车时，其响声清晰，走热后响声逐渐减小，也可能消失；在急速时，提高转速，则响声较大，速度高时，则不易听出。

异响原因：

(1)修理装配不当，活塞与汽缸壁间隙过大。

(2)活塞变形，使活塞与汽缸壁间隙变大，活塞裙部磨损或者汽缸失圆。

(3)活塞与衬套或连杆轴承与轴颈配合过紧。

(4)连杆弯曲或扭曲变形。

(5)汽缸壁和活塞润滑不良。

异响排除：

(1)检查发动机温度、机油压力和工作状况是否出现异常，加机油口处是否冒烟，拆下火花塞检查火花塞上是否有机油，响声的部位及加速时是否发抖或受阻等异常现象。

(2)若发动机急加速时，听到明显的敲击声，供油增大时而异响加大，若有多缸敲缸时，响声嘈杂。此时，可以拆下可疑汽缸火花塞，加入少许机油(20~30mL)，异响减弱或消失，则为活塞敲缸。

(3)进行断火试验，即将发动机置于断火，敲击声最明显的转速下运转，逐缸进行断火试验，当某缸断火后响声减弱或消失，复火后有能敏感的恢复，尤其是第一声特别突出，即为该缸活塞敲缸。

## 2. 发动机声音异常的诊断与排除

现象：

(1)怠速时经常听到噪声。

(2)在某一特定的发动机转速时经常听到噪声。

(3)在任何发动机转速时都能听到噪声。

原因：

(1)机械原因引起噪声。

(2)不正常的燃烧引起的噪声。

当发动机零件磨损时会出现下列现象：当发动机冷时出现过大的噪声；当机油的黏度较低时出现过大的噪声；当加速时出现过大的噪声；当大负荷运行时出现过大的噪声。

噪声的种类：

(1)打滑的声音：材料相互摩擦发出的叽叽嘎嘎和嘶嘶声。

(2)爆震的声音：叮当声、爆震声及咔嗒声是在部件爆震时发出的声音。

(3)复合声响：发出诸如咔嗒声等复合的声音，大多数情况下，这类噪声并不是一种单一的噪声，而是多种噪声复合而成的。

怠速常出现噪声的主要原因

水泵轴承故障：

(1)复合声音：当移开皮带而用手转动水泵轴承时，会有隆隆的振动感。轴承在推力方向出现间隙。

(2)咔嗒声：当发动机的转速由怠速转为加速时，该声音停止或变小。曲轴轴向出现间隙。

(3)咔嗒声：如果在离合器的踏板踩低时噪声停止，则推力方向的间隙过大。

(4)吸气噪声：在被怀疑发出声音的部位涂抹润滑脂，涂上后没有声音，则证明是吸气造成的声音。

在特定的发动机转速时常听到的噪声：

(1)皮带打滑声音。

(2)交流发电机轴承和电刷发出的接触声或磁性噪声，将皮带移开，并用手转动交流发电机，当连接电气负荷时，呼呼的声音变大，就认为是这种噪声。

(3)活塞的爆震声。当发动机冷机时，声音很大，而当发动机温度上升时，声音变小或停止，当熄灭火花塞的火花时，声音变小或停止。

(4)发动机连杆轴承发出的爆震声。发动机预热后加速时，声音很大，当熄灭火花塞上的火花时，声音变小或停止。

(5)曲轴主轴承发出的爆震声。发动机预热后加速时，声音很大，当熄灭火花塞上的火花时，声音没有多太大的变化。

在任意转速时，都能听到的噪声：

①阀门间隙过大，出现的咔嗒声。

②压缩泄漏嘶嘶声，当熄灭火花塞的火花时，声音变小或停止。如果密封垫破裂，那么废气漏进冷却系统时，散热器的顶部就会产生泡沫。

(6)废气泄漏。在发动机急加速时,废气泄漏的声音变大。

**3. 异常燃烧引起的噪声**

爆震声、未点火自燃、未燃气体在消声器内爆炸及逆燃等都是由异常燃烧引起的,异常燃烧会依次引起发动机动力减弱和燃油消耗的增加。

1)爆震声

在节气门全部打开或发动机加速时候,会听到爆震声,驾驶没有排除爆震声故障的汽车,会导致活塞或气门的损坏,甚至损坏发动机。

(1)不适当的燃油。当燃油中辛烷值低于规定的值时,会发生爆震声。

(2)点火正时过早。如果点火正时过早,燃烧会很快进行,而引起爆震声。

(3)火花塞故障。火花塞的温度必须保证在自动清洁的温度(450℃~950℃),否则,火花塞的已燃烧点就会变成加热点,从而导致过早点火(温度约为950℃或更高)。

(4)燃烧室内积炭。过早点火可能会由燃烧室积炭的沉积引起的,因为,沉积的炭会阻止散热,并将该部位变成加热点。

(5)真空控制器故障。如果真空控制器出故障,由于负载的原因点火正时就不能正常减慢,因此就会在高负载运行过程中出现爆震声。

(6)超载运行。如果发动机超负荷运转,就会出现爆震声。

2)未点火自燃运转

未点火自燃运转是燃油在燃烧室中燃烧,发动机在其开关关掉后仍然继续以不稳定速度旋转的故障现象。

如果燃油混合气由于曲轴惯性作用被吸出或者进气歧管中残余燃油混合气被压缩,并且其压缩温度超过燃油自燃温度时,不用打开点火开关燃油混合气可点燃,这种故障现象与柴油机的燃烧操作相似,被称为"自行点火运转"。

(1)燃油不当。当燃油的辛烷值低于标准值时发生未点火自燃运转。

(2)进气管空气温度过高。当进气管空气温度很高时,压缩燃油混合气的温度能超过汽油的自燃温度。

(3)压力过大。当压力很大时,压缩燃油混合气与燃烧的温度就会升高,从而燃烧室的温度将会很高。

(4)炭灰沉积在燃烧室里。火花塞发生故障参照爆震声。

3)未燃气体再燃烧

(1)空气/燃油混合气过浓。因氧气不足不能实现完全燃烧,未燃气体被排出到排气系统导致未燃气体再燃烧。

(2)进气歧管真空度突然增加。当进气歧管真空度突然增加(例如急减速时),空气/燃油混合气变得过浓,并且燃烧效率降低。

(3)点火正时延长。当最初的点火正时过度延长时,燃烧持续很长时间,导致未燃气体在排气系统中再燃烧。

(4)点火系统发生故障导致有时电火花发出延迟。电火花延迟发生,未燃气体在排气系统再燃烧。

(5)氧传感器发生故障。

4)回火

燃烧循环中燃烧不充分,进气门打开后仍继续燃烧,进气歧管中混合气燃烧导致逆燃。

(1)混合气过稀。当燃油空气混合气过稀时,火焰蔓延速度减慢导致逆燃。

(2)燃烧室内局部过热。当局部过热时,混合气在吸入过程即被点燃,并且火焰蔓延点燃进气歧管中的混合气。

(3)气门正时发生故障。气门正时不当可导致逆燃并且发动机不能运转。

## 实训39　汽油发动机常见故障的诊断与排除

故障现象:机油压力低。

故障原因:

(1)机油黏度低,油品质量差,或机油等级型号不符合此发动机使用要求,机油超过使用时限而未更换。

(2)机油过滤器质量差或机油滤清器太脏,未更换。

(3)机油冷却器过脏、堵塞或旁通阀卡死。

(4)机油冷却喷嘴喷孔磨损、变大或冷却喷嘴断裂。

(5)机油泵磨损过度,或减压阀泄漏。

(6)连杆轴承、曲轴轴承、凸轮轴衬套等各种衬套磨损过度。

(7)油压感应器失效。

处理方案:

(1)检查机油滤清器、机油品质,(如有需要)更换机油滤清器、合格机油。

(2)检查冷却器芯,检查旁通阀及机油冷却喷嘴、油压感应器。

(3)检查机油泵状况,若出现以上问题,进行修复或更换。

(4)若以上故障原因可能被逐一排除,则应拆机检查曲轴轴承、连杆轴承或各衬套磨损状况,若磨损严重,则应进行大修。

故障现象:机油温度过高。

故障原因:

(1)冷却液温度太高。

(2)机油质量太差或油品型号不对。

(3)机油冷却器过脏,旁通阀堵塞或卡死。

处理方案:

(1)检查冷却液温度状况。

(2)更换符合发动机品牌型号的机油。

(3)清洗或检修机油冷却器芯、旁通阀。

故障现象:冷却液温度过高。

故障原因:

(1)水泵皮带或风扇皮带过松。

(2)水箱没有添加冷却液或冷却液液位不够。

(3)通风不畅。

(4)水箱内散热片过脏,或水箱进出口被堵死。
(5)节温器损坏。
(6)风扇皮带轮损坏,水泵损坏。
(7)超负荷工作(长时间超过额定功率运转)。
处理方案:
(1)查看通风条件。
(2)检查水泵皮带、风扇皮带及皮带轮,水泵是否需要更换或修复。
(3)检查水箱节温器状况,水箱水位及冷却液浓度,节温器能否正常打开。
(4)检查水箱散热片,有无锈蚀或堵塞,排风口是否有被堵塞,水箱内胆有无严重锈蚀。
(5)降低负载。
(6)检查有无拉缸现象。

## 实训40　柴油发动机常见故障的诊断与排除

故障现象:柴油机带不起负载。
故障原因:
(1)柴油机空气滤清器太脏。
(2)涡轮增压器内零件磨损,导致工作失效。
(3)燃油泵内组件磨损、堵塞或出现机械故障。
(4)喷油器堵塞或喷油嘴破裂、磨损,导致工作不良。
(5)气门正时不对,或气门组件磨损,导致间隙过大;喷油行程调校不对。
(6)柴油机汽缸磨损较大。
处理方案:
依次检查空气滤清器、涡轮增压器、油泵、喷油器或气门组件,情况严重应进行中、大修处理。

故障现象:柴油机超速,又名飞车。即柴油机速度超出标准转速之6%,视为超速。冷车超速:柴油机起动就立即出现超速;热车超速:柴油机起动10~15min,在水温逐渐上升,转速亦逐渐上升,或发电机卸载后转速上升。
故障原因:
(1)电子执行器磨损过度、发条或调速板故障。
(2)燃油泵之供油故障。
处理方案:
(1)逐一检查调速板及电子执行器状况,更换调速板或电子执行器。
(2)调校燃油泵。

故障现象:柴油机振动过大。
故障原因:
(1)柴油机轴承间隙过大,引起轴向间隙超标。
(2)喷油器雾化不良,敲缸。
(3)曲轴连杆各种紧固螺栓松动。

(4)增压器工作失效。

处理方案:

(1)检查电球连接盘有无变形或螺丝松动。

(2)检查增压器有无损坏或工作失效。

(3)逐一检查喷油器损坏状况。

(4)检查曲轴、连杆,如情况较严重,需进行中、大级修处理。

## 七 考核要点与评分标准

发动机的拆装与调试考核要点和评分标准见表14-2。

**发动机的拆装与调试考核要点和评分标准**　　　　　表14-2

| 序号 | 考核要点 | 分值 | 评分标准 | 考核记录 | 得分 |
|---|---|---|---|---|---|
| 1 | 正确使用工具、仪表 | 10 | 使用不当,1项扣5分 | | |
| 2 | 发动机异响故障的诊断与排除 | 20 | 操作不熟悉,1次扣3分;操作错误,扣5分 | | |
| 3 | 汽油发动机常见故障的诊断与排除 | 30 | 操作不熟悉,1次扣3分;操作错误,扣5分 | | |
| 4 | 柴油发动机常见故障的诊断与排除 | 30 | 操作不熟悉,1次扣3分;操作错误,扣5分 | | |
| 5 | 整理工具、清理现场 | 10 | 每项未完成扣2分 | | |
|   | 安全生产方面 |   | 因操作不当发生事故,记0分 | | |
| 6 | 分数合计 | 100 | | | |

# 参 考 文 献

[1] 汤定国.汽车发动机构造与维修[M].北京:人民交通出版社,2005.
[2] 黄俊平.汽车发动机维修实训[M].2版.北京:机械工业出版社,2016.
[3] 吉林大学汽车系.汽车构造第五版(上册)[M].北京:人民交通出版社,2006.
[4] 吉林大学汽车系.汽车构造第五版(下册)[M].北京:人民交通出版社,2006.
[5] 郗军红.汽车维护[M].北京:人民邮电出版社,2013.
[6] 孙丽,曲健.汽车发动机拆装实训[M].北京:机械工业出版社,2015.
[7] 周晓飞.汽车维修技能全程图解[M].北京:化学工业出版社,2013.
[8] 母忠林.柴油机维修典型案例240例[M].北京:化学工业出版社,2011.